Un libro entero podría escribirse —y debiera escribirse- acerca de la actividad de las mujeres de América, como propulsoras de la cultura en el Continente.

Alejo Carpentier

EL Lyceum y
Lawn Tennis Club

su huella en la cultura cubana

Título: El *Lyceum y Lawn Tennis Club*: su huella en la cultura
cubana
Autor: Whigman Montoya Deler
Corrección, maquetación y diseño de portada:
Jorge Venereo Tamayo

© Primera edición 2017 Unos&OtrosEdiciones
© Segunda edición 2020 Ediciones Laponia

Library of Congress Cataloging-in-Publication Data

Names: Montoya Deler, Whigman, 1973- author.
Title: El *Lyceum y Lawn Tennis Club*: su huella en la cultura cubana /
   Whigman Montoya Deler.
Description: Segunda edicion. | Houston, TX: Ediciones Laponia, LLC,
   [2022] | Includes bibliographical references.
Identifiers: LCCN 2020017254 | ISBN 9781733954099 (paperback)
Subjects: LCSH: *Lyceum y Lawn Tennis Club*. | Women--Cuba--Societies
   and clubs. | Cuba--Intellectual life--History--20th century. | Cuba—
   Civilization--20th century.
Classification: LCC HQ1921 .M66 2022 | DDC 305.4097291--dc23
LC record available at https://lccn.loc.gov/2020017254

ISBN 10: 1-7339540-9-0
ISBN-13: 9781733954099

info@edicioneslaponia.com
www.edicioneslaponia.com

Impreso en los E.U.A., 2022

El Lyceum y Lawn Tennis Club

su huella en la cultura cubana

Whigman Montoya Deler

A todas aquellas mujeres que formaron parte de las directivas del Lyceum y luego Lyceum y Lawn Tennis Club.

A todos los que colaboraron con esta Sociedad

AGRADECIMIENTO

A mis padres Miguel Ángel Montoya Acosta y Mayda María Deler Vargas, por haber sido el sostén en todos los aspectos de mi vida.

A Jorge Venereo Tamayo por haber estado dispuesto a todo durante estos veinte años.

A la profesora de la carrera de Letras de la Universidad de Oriente: Graciela Durán Rodríguez, por iniciarme en el estudio de la Revista Lyceum.

A la Dra. en Ciencias Filológicas Deisy Cué Fernández, por su gran ayuda y colaboración en cada momento de consulta en este trabajo de investigación.

Al escritor cubano César López por los contactos que resultaron en entrevistas.

A Natalia Revuelta Clews, Naty (Q.E.P.D.) por su constante ayuda y preocupación. Por su afán de que se le diera el reconocimiento merecido al *Lyceum y Lawn Tennis Club*.

ÍNDICE

revista de avance

AÑO I.   LA HABANA, AGOSTO 15 DE 1927.   NUM. 9

QUINCENAL
20 CTS.

SUMARIO:

APARTADO 2228
LA HABANA

1

VANGUARDIA, MINORISTAS Y FEMINISTAS

El surgimiento de instituciones culturales privadas durante los primeros cincuenta años del pasado siglo cubano fue muestra, por parte de la sociedad civil, de una voluntad colectiva de empresa y un propósito a favor de la nación. Un significativo número de exposiciones, conciertos, conferencias, recitales de música y de poesía se llevaban a cabo cada año por algunas de ellas: la Sociedad Económica de Amigos del País, la del Folklore Cubano, la Hispano-Cubana de Cultura, Pro-Arte Musical, la Orquesta Sinfónica, la Filarmónica, la Orquesta de Cámara de La Habana, el Grupo de Renovación Musical, el *Lyceum*, Nuestro Tiempo, entre otras. Por otra parte, la falta de una dirección rectora por parte del Estado y el vacío de intencionalidad colectiva de algunos, frenaban la preparación de un vasto proyecto nacional enfocado a encausar al país hacia mejores rumbos.

Algunos intelectuales se habían convertido en simuladores insensibles a favor de Gobiernos corruptos en una nación que clamaba por la unidad en todos los órdenes; otros como Lino Novás Calvo y Onelio Jorge Cardoso para subsistir tuvieron en algún momento que ejercer los cargos de chofer y sereno del hospital Las Ánimas, respectivamente; a la vez, varios de nuestros más grandes pintores tuvieron que vender sus cuadros para sobrevivir. Esta situación llevó a que Enrique Noble expresara en carta a José Antonio Portuondo: «[...] cuánto tiempo tiene que luchar un intelectual en «la Isla de Corcho» para poder ganarse los frijoles. ¿Hasta cuándo será esa circunstancia una grosera realidad? [...]»[1]

En varias ocasiones los menos capaces fueron los administradores de los cargos públicos, los ministros de cultura, los directores de orquestas y de centros docentes. Varios periodistas ineptos fueron elevados a la categoría de grandes críticos en materia de música, arte o teatro y en varias revistas aparecieron sus más graves engendros. También en algunos casos, las becas al extranjero se convertían en un verdadero ejercicio a la injusticia, privándose de ellas a las mentes más brillantes. Los medios de mayor alcance para instruir al pueblo: la radio, la prensa y la tribuna cayeron muchas veces en las manos incapaces de personas tenidas por intelectuales. El mal gusto también reinaba en todos los órdenes, la música populachera y chabacana era el resultado de la espontaneidad de la expresión artística frente a la

---

[1]Romero, Cira. «Correspondencia a José Antonio». *Cuestiones privadas.* Editorial Oriente, 2002, pp.89-95

disciplina y trabajo, estudio y técnica por lo que había un aluvión de aficionados que arribaban a La Habana de todas partes; algunos de estos temas los comenta Alejandro García Caturla en carta a José Ardévol: «[...] lo populachero y la grosería ocupando el lugar de lo popular verdadero acabarán por tragarnos a todos [...]»[2]

Sin embargo, mentes más lúcidas ya no tolerarían estas vulgaridades. Muchos intelectuales vivían en un ambiente de inseguridad y desaliento frente al panorama cultural y general de todo el país; la imposibilidad de publicar en Cuba, la incomprensión de las obras musicales novedosas de Caturla y Roldán o el silencio de la crítica, trajeron consigo que la defensa de muchos fuera callarse «entonces se huye de estampía, y cada uno trata de salvarse como puede. Entonces la gente acude a su logia, bonche, gremio o cofradía».[3]

La individualidad era casi un lema, el salvarse como pueda era para muchos su divisa, y para otros, marcharse a trabajar al extranjero era casi una obsesión y un alivio: los Estados Unidos, México, Argentina y España fueron los destinos, por mucho o poco tiempo, para algunos intelectuales.[4]

---

[2]Díaz, Clara. José Ardévol. *Correspondencia cruzada*. La Habana: Editorial Letras cubanas, 2004: 64

[3] Romero, Cira. Op. Cit. 225

[4] Romero, Cira. «Carta del día 9 de marzo de 1949, Virgilio Piñera expresa sus deseos de salir de Cuba, trabajar en el extranjero». «Mirta Aguirre en carta del día 27 de diciembre de 1946». Ibid. p. 254. pp.197-199

Otros opinaban que la situación moral del pueblo cubano y su desarrollo espiritual estaban en aparente desarmonía con los asombrosos progresos en algunos órdenes, y como resultado de la corrupción y el desorden social, la conciencia cubana se vio precisada a buscar elementos de moral y ética; fue entonces que el problema de la identidad nacional se convirtió en un elemento importante a tener en cuenta.

Para finales de la segunda década republicana ya había madurado el pensamiento del movimiento portador de la cultura de la resistencia, cuando para algunos comenzaba a señalarse el peligro que representaba los Estados Unidos.

Los trabajos de Emilio Roig de Leuchsenring y Luis Machado tenían una marcada tendencia nacionalista y en alguna medida antimperialista. Antonio Ramos le dio gran importancia al tema de la unidad nacional y otros intelectuales: sociólogos, historiadores, antropólogos, filósofos, pedagogos desarrollaron una filosofía de la cultura, entre ellos Jorge Mañach, Luis A. Baralt, Mercedes y Rosaura García Tudurí, Ramiro Guerra, Emilio Roig, Elías Entralgo, Medardo Vitier, Antonio Sánchez de Bustamante y Montoro, Rafael Montoro, José Antonio Portuondo, Juan Marinello, Raúl Roa, entre otros.

Raimundo Cabrera, presidente de la Sociedad Económica de Amigos del País, declaró en 1923: «[...]En Cuba más que otros pueblos, defender la cultura es salvar la libertad

[...]».[5] La gran misión era aunar mediante la cultura a un grupo de intelectuales y profesionales y llevar a cabo un programa.

De ahí el surgimiento de sociedades que tenían el objetivo definido de levantar el espíritu público cubano para llevar a efecto reformas sociales que sirvieran al menos como paliativo a los problemas existentes: la Asociación Nacional de Propaganda Cívica, la Falange de Acción Cubana, la Junta Cubana de Renovación Musical, el Grupo Minorista y algunas sociedades feministas llevarían a cabo empresas como éstas.

El *Lyceum* de La Habana también se sumó a esta labor, pero desde la óptica sociocultural. Para la fecha Cuba vivía momentos de intensa inquietud, revueltas y ajetreos creadores; en todo el mundo había renacido una intensa conciencia social y Cuba no estaba de espaldas a estos acontecimientos: reformas universitarias, movimientos obreros, arte de vanguardia y luchas feministas.

En lo político el presidente Gerardo Machado asume el cargo el 20 de mayo de 1925; tres meses más tarde se funda la Liga Antimperialista de Cuba y en agosto del mismo año queda instituido el primer Partido Comunista. Culturalmente eran los días dorados de la Hispano-Cubana de Cultura, del Grupo Minorista, de la Revista de Avance, de los conciertos de música nueva, de las

---

5 Cabrera, Raimundo. «Llamamiento a los cubanos». Revista *Bimestre Cubana*, *Vol. XVIII*. 2 marzo-abril, 1923: 82

exposiciones de las que tanto se habló, en fin, del arte de vanguardia.

Ya para 1912 habían surgido el Partido Popular Feminista, el de las Sufragistas Cubanas y el Nacional Feminista. En 1914 ambos se fusionaron formando el Partido Nacional Sufragista, lo cual demostró el incipiente nivel de evolución que la mujer cubana venía logrando, opuesto a cierto individualismo de las instituciones y sociedades masculinas. En 1918 se organizó el Club Femenino de Cuba, y a iniciativa de éste se creó en 1921 la Federación Nacional de Asociaciones Femeninas que, conjuntamente con el Club Femenino de Cuba y su ardua labor, organizaron del 1 al 7 de abril de 1923 el Primer Congreso Nacional de Mujeres, al que asistieron treinta y una organizaciones femeninas. Éste sería el primero de su tipo en América Latina. Más tarde se creó el Frente Feminista y éste desembocó en la Alianza Nacional Feminista, que puso todo su empeño en los derechos políticos de la mujer. Entre 1924 y 1930 se fundan otras asociaciones semejantes.[6] En 1927 la Federación Nacional de Organizaciones Femeninas impartía una serie de

---

[6] Gonzáles Pagés, Julio César. *En busca de un espacio: historia de mujeres en Cuba.* Editorial Pinos Nuevos, 2003, pp 61-137. Partido Demócrata Sufragista (1924), Liga Patriótica Sufragista (1927), Círculo Sufragista Independiente (1929), Comité de Acción Cívica de Mujeres (1928), Comité de Defensa del Sufragio Femenino (1928). Estas dos últimas se unen para formar en 1928 la Alianza Nacional Feminista. En 1930 Ofelia Domínguez organizó la Unión Laborista de Mujeres que en 1933 cambia su nombre por Unión Radical de Mujeres, desde donde demandó reformas de carácter educativo y social; meses más tarde se creó la organización Mujeres Oposicionistas dirigidas por Pilar Jorge de Tella y es para esta fecha que el movimiento feminista vive su mayoría de edad.

conferencias con el objetivo de crear un estado de opinión favorable hacia el sufragio femenino. Para el momento un grupo de mujeres del *Woman's National Party* de los Estados Unidos visitaba Cuba con el propósito de que, en la Sexta Conferencia Panamericana, con sede en La Habana, se lograra en todos los países de América, el principio de igualdad entre mujeres y hombres; de esta forma se crearía en estrecha alianza con la Federación Nacional de Organizaciones Femeninas y con carácter provisional, el Comité Pro Igualdad de Derechos. El 8 de febrero de 1928 se celebró la Sexta Conferencia Panamericana en el Aula Magna de la Universidad de La Habana y las delegadas fueron escuchadas. Como resultado de esta conferencia se creó la Comisión Interamericana de Mujeres (1928), la misma representó un gran paso en la conquista de los derechos femeninos. Logrado los objetivos del Comité Pro Igualdad de Derechos, éste se disuelve, pero la Dra. Flora Díaz Parrado, con la idea de no dispersar a las miembros, decide crear el Comité de Acción Cívica como una dependencia de la Federación Nacional de Organizaciones Femeninas bajo la presidencia de María Montalvo de Soto Navarro. A este comité se sumaría quien fuera luego uno de los pilares del *Lyceum*, Elena Mederos, luego secretaria de la Alianza Nacional Feminista.

Algunas mujeres se incorporan a los empeños del momento por dos caminos entrelazados: el de la defensa de sus derechos políticos, civiles y económicos y el de la defensa de la cultura; representados finalmente por la

Alianza Nacional Feminista (agosto de 1928) y el *Lyceum* (diciembre de 1928) respectivamente. Ambas instituciones estaban formadas por mujeres de la mediana, pequeña y alta burguesía, aunque la Alianza Nacional Feminista también acogió en su seno a las líderes obreras negras.

Para 1929, un gran número de mujeres cubanas ya había adquirido una alta conciencia de su contenido histórico, y a pesar de pertenecer a diferentes clases sociales, todas ellas estaban interesadas en reformas constitucionales que les permitieran disfrutar de todos los derechos ciudadanos; algunas militaron en ambas organizaciones, pero la mayoría de las lyceístas centraron sus esfuerzos en la necesidad de defender los valores culturales: «De estos tres ideales: la cultura, el trabajo y el amor entre los pueblos, sólo prendió el primero»[7]; las jóvenes lyceístas eran amantes defensoras de las tradiciones culturales gracias a los fuertes lazos familiares y conyugales.

Ellas habían nacido a finales del siglo XIX y principios del XX, por lo que al terminar la Primera Guerra Mundial a lo sumo eran adolescentes y les tocó vivir entonces momentos de decisiones que, en la mayoría de los casos, estaban bien delimitados. En este sentido Berta Arocena de Martínez Márquez dijo: «Entre la presión social que la

---

[7] Piedad Maza de Fernández Veiga, «La Habana 20 de mayo de 1935». *Memoria de los trabajos presentados en la Primera Fiesta Intelectual de la Mujer*, p.5

empujaba hacia afuera y la fuerza centrípeta que la retenía junto al fuego sagrado, se debatió nuestra generación».[8]

Estas mujeres se preocuparon por el destino de la feminidad, sin dejar de reconocer los aportes y la gran deuda que la humanidad tenía con las más austeras feministas; se preocuparon también por los afanes de superación femenina y se esforzaron por lograr la síntesis de dos formas de vida aparentemente contradictorias (feminismo y feminidad) «inquieta, insatisfecha, inconforme, buscaría una fórmula vital que le permitiera armonizar sus apetencias biológicas con las nuevas exigencias sociales»[9] y en esa búsqueda se debatieron toda su vida dando frutos en el orden individual y colectivo. El resultado de esa síntesis fue el *Lyceum*, sociedad cultural femenina y feminista.

Un feminismo, claro está, que no se contenta con reclamar derechos en general y el voto en particular, sino que aspira, sobre todo, a cumplir, como deberes esenciales, los puntos contenidos en el programa inicial que enarbolaron como bandera las gloriosas pioneras en lucha por su ideal: la protección al niño, la asistencia social, la armonía en el destino de la mujer de su función específicamente femenina con su misión humana, la defensa de la democracia y el logro

---

[8] Maza, Piedad. *Berta Arocena de Martínez Márquez: iniciadora y primera presidenta del Lyceum.* Ediciones *Lyceum*, 1956, p 8.
[9] Ibid

de la paz, a través de la comprensión entre los pueblos.[10]

Grupo Minorista de Cuba

---

[10] Ibidem, p.25

2

LA INSPIRACIÓN DEL LYCEUM DE MADRID

Renée Méndez Capote acababa de regresar de España donde había asistido a la inauguración del *Lyceum* de Madrid en 1926; al llegar ella a Cuba, Rafael Suárez Solís, español radicado en La Habana, la insta a crear en la Isla una sociedad como la que se acababa de inaugurar en Madrid. Para 1928 Renée y Berta trazan las ideas y atraen por medio de la amistad a un grupo pequeño de mujeres que compartían gustos e ideas, igualmente eran esposas o familiares de intelectuales a quienes también los unía la amistad (muchos de ellos minoristas). Quizás, sin saberlo ellas, esta inicial compatibilidad, unida al ejemplo de la labor de sociedades feministas y a la militancia de muchas de ellas en estas organizaciones, fue el germen que permitió la coherencia y la armonía tan temprana, que luego devino en el éxito de sus empresas. Y es que hay que tener en cuenta la importancia que psicólogos y sociólogos otorgan a los lazos de amistad y parentesco cuando se trata de llevar a cabo proyectos de cualquier índole.

Ese mismo año crean la junta general y la junta directiva que en aquel momento contaba con catorce miembros y el número de socias no llegaba a diez; lo conformaban la madre de Berta, la de Renée, la de Lilliam Mederos y otras a quienes llamaban cariñosamente las abuelas del *Lyceum*.

La directiva, a propuesta de Renée Méndez Capote, debía ser rotativa (cada ocho meses); de esta manera rechazaban el personalismo imperante y criticado de las instituciones cubanas y en la política nacional. La directiva estaría conformada por una presidenta: Berta Arocena y dos vicepresidentas: Carmen Castellanos y Matilde Martínez Márquez, quien también fungió como secretaria de actas y tuvo como compañera y vicesecretaria a Alicia Santamaría. También debía haber una tesorera para cuyo cargo se designó a Carmelina Guanche, y como vicetesorera a Ofelia Tomé. Las vocales fueron Renée Méndez Capote y Dulce María Castellanos, de Biblioteca; Lilliam Mederos y Rebeca Gutiérrez, de Casa; Sara Méndez Capote y Mary Caballero de Ichaso, de Música; María Josefa Vidaurreta y María Teresa Moré, de Ciencias, Literatura y Artes Plásticas.

Para el desempeño de sus actividades estas mujeres habían alquilado una casona al estilo colonial en la calle Calzada # 81 entre A y B en el viejo Vedado.[11] La casa realmente

---

[11] En esa casa, Carlos Baliño y Julio Antonio Mella, tuvieron la sede del Partido Comunista de Cuba. Actualmente, es la Sala Hubert de Blanck. Revista *Arte: Cuba República:* 2

no era propicia para los dinámicos fines y las actividades culturales que ellas querían realizar; era amplia pero la distribución, propia de su estilo, atentaba en todos los órdenes. Sin embargo, ellas supieron sacarle partido, y Lilliam Mederos se encargó de decorarla, «corría el rumor de que las muchachas la habían amueblado con vejestorios de caoba fina, rescatados de no se sabe de qué señorial penuria [...] por cierto deseo que todo aquello naciera de raíz criolla: de que se afincara en la tradición, para sorber fuerza de ella y superarla».[12]

Este deseo inviolable de partir de la tradición para lograr un arte cubano y a la vez moderno, lo llevaron a la práctica desde su fundación hasta sus últimos días.

---

[12] Mañach, Jorge. «Glosas». *Diario de la Marina*, 20 de febrero, 1949

3

EL LYCEUM DE LA HABANA. PROYECTO DE ANIMACIÓN SOCIOCULTURAL

E *Lyceum* de La Habana se funda el 1 de diciembre de 1928 y se inaugura el 22 de febrero de 1929.

En la redacción de la declaración de principios hay una marcada preocupación en cuanto a animar a la niñez y a la juventud, exaltar la labor de la mujer, el servicio a la comunidad, la defensa de la democracia en Cuba, en América y en el mundo, y el logro de la paz internacional por la comprensión entre los pueblos; es por ello que en el artículo 1 de los Estatutos de 1929[13] queda establecido que se constituye en La Habana una asociación cuyos fines generales serán:

- Fomentar en la mujer el espíritu colectivo, facilitando el intercambio de ideas y encauzando

---

[13] Entre los Estatutos concebidos estuvieron: Estatutos 1929, Estatutos 1931, Estatutos 1939, Estatutos 1944 y Estatutos década de 1960.

aquellas actividades que redunden en beneficio de la colectividad.

- Aprovechar todos aquellos esfuerzos personales que hoy dan un rendimiento mínimo, por su dispersión, aunando todas aquellas iniciativas y manifestaciones de índole benéfica, artística, científica y literaria que redunden en el beneficio de la colectividad, siendo por completo ajeno a la asociación todo acto con tendencia política o religiosa.

También quedaron plasmados los requisitos para asociarse, los tipos de socias, las funciones de la junta directiva y la junta general, y los objetivos de las diferentes secciones.

En juntas directivas se discutieron y ventilaron todas las dudas, los proyectos, las nuevas corrientes ideo estéticas, pero siempre con una actitud progresista hacia los temas y con un marcado carácter educativo. Elena Mederos de González recuerda que:

Algunas de las controversias más movidas las originó el fenómeno imperialista [...] Y las actitudes de un nacionalismo acendrado que niega la significación de todo aporte extranjero a la cultura cubana y la de una supervaloración tan acentuada de la cultura de dimensión internacional que no le conoce valimiento a lo autóctono a lo de raigambre netamente cubana.[14]

---

[14] Mederos, Elena. «El *Lyceum* y su mundo interior». *Revista Lyceum, vol. XI.* No. 37, febrero-noviembre 1954: 35

En este sentido las mujeres del *Lyceum* fueron muy inteligentes y sus acciones en el campo de la cultura demostraron que los extremos no eran saludables, y que la asimilación de las tendencias universales arraigadas en la tradición daba como resultado una cultura propia acorde con las nuevas tendencias del arte a nivel mundial. Reconocieron el valor del arte universal, pero también se preocuparon por mostrar lo mejor y más representativo de nuestro patrimonio en busca de un justo equilibrio.

Otro de los temas muy debatidos entre ellas fue lo referente a la situación de la tradición frente al progreso, sobre todo cuando se refería a la problemática de la mujer contemporánea. También se promovieron otras discusiones en torno a: «la posible incompatibilidad entre lo estético y lo ético, entre lo convencionalmente correcto y lo moralmente honesto; entre lo que con un criterio refinado se considera recomendable y lo que sabíamos nos ganaría popularidad; entre el deber de servir a los grupos mayoritarios y el de procurar guiar a nuestra masa social por vías de superación».[15]

En este sentido, ellas hicieron todo lo posible para servir y guiar principalmente a la mujer dándoles un arte culto y popular con ese tono de refinamiento que siempre las caracterizó, sin caer en lo populachero; además de encaminarlas en diferentes aspectos de utilidad para el trabajo en la comunidad, también prestaron atención a la educación de niños y jóvenes, de adultos analfabetos, y personas necesitadas pero siempre desde la perspectiva de

---

[15] Ibid. p.36

brindar conocimientos y herramientas que ellos pudieran utilizar para su propio desempeño, dejando de un lado la gastada formula de la caridad. «Fue bajo la inspiradora e infatigable acción de Elena Mederos que el *Lyceum*, transformando el concepto tradicional de la caridad e insuflándolo de nuevas ideas encaminadas a la mejor compresión y superación de los males sociales introdujo la actividad denominada "asistencia social"».[16]

En cuanto a estas controversias queda claro y expresado por la propia directiva en la memoria de 1933-1934 que «se debe primordialmente el *Lyceum* [...] a las corrientes culturales de renovación sin que por ello desdeñe los valores tradicionales, sino todo lo contrario»[17], por lo que se considera que el *Lyceum* se preocupó desde un principio en reafirmar, defender y conservar la cultura nacional en sus más diversas manifestaciones, pero sin dejar de apoyar las corrientes de vanguardia. Esta proyección le permitió convertirse en una institución progresista, ya sea por su apoyo a las nuevas corrientes estéticas o a la tarea que desarrollaron en cuanto a inculcarles a las mujeres cubanas el compromiso y la misión social que debían cumplir según los tiempos modernos.

El hecho de que surgiera una institución femenina que se preocupara por los temas sociales, culturales y científicos en una sociedad donde el Gobierno apenas tenía interés

[16] Guerrero, Dra. María Luisa. «El *Lyceum*. Sociedad femenina creada para promover el progreso cultural y social de la mujer y al servicio de la comunidad en general. Documento (p.2). http://www.library.miami.edu/umcuban/cuban.html
[17] Regristro Anual. *Lyceum. Memoria* 1933-1934

por la cultura, suscitó varias preguntas y comentarios despectivos y escépticos.[18] La mujer, hasta el surgimiento del *Lyceum*, había hecho algunas contribuciones a la cultura y a la asistencia social; es el caso de algunas instituciones feministas como El Club Femenino de Cuba que ofreció clases, conferencias, conciertos y actos culturales. «Desarrolló intensas campañas, más allá del sufragio femenino, fundó escuelas nocturnas para obreras y otras para la enseñanza de comercio, creó la primera institución formadora de niñeras en el país. Abogó por leyes de carácter social, como la lucha contra la mendicidad infantil».[19]

Se contaba con la fructífera labor de Pro-Arte Musical y se conocía de la voluntad y la labor de colectividad de la mujer cubana, pero en la Isla las actividades culturales se llevaban a cabo en sus respectivos medios; la música, en los conservatorios y sus salones de arte, en sociedades como Pro-Arte Musical y en los teatros; la pintura y la escultura, en el Círculo de Bellas Artes; las conferencias, en el Ateneo, en la Hispano-Cubana de Cultura, entre otras pocas instituciones; sin embargo, el *Lyceum* decide centrar y encauzar; unir todos los dispersos afanes de servicio ya sea en el arte, la ciencia o la asistencia social, orientarlo de otro modo, despersonalizarlo y todo ese resultado facilitarlo a los más necesitados.

La mujer de la pequeña, mediana y alta burguesía: la arquitecta, la doctora, la pedagoga, la maestra encuentran

---

[18] Maribona, Armando. «La mujer cubana, la cultura, la "Sociedad" y el *Lyceum*». *Diario de la Marina* 4 de marzo de 1949
[19] Gonzáles Pagés, Julio César. Op. Cit. 85

en este espacio un refugio donde trabajar voluntariamente en beneficio de la colectividad. Abren sus salones al concurso del hombre y proyectan esa cooperación hasta donde pudieron alcanzar sus medios; de ahí que sus actividades fueran públicas y desprejuiciadas. Esta actitud motivó a que un intelectual como Juan Marinello, escribiera sobre la institución, en carta pública dirigida a Gustavo Urrutia: «[...] Yo confieso mi emoción ante la reciente declaración del *Lyceum* femenino abriendo sus puertas a los negros porque la cultura no tiene raza. Esto, hace algunos años, hubiera sido monstruoso [...]»[20]

Este hermoso principio había sido idea de Carmelina Guanche y surgió «cuando la esposa del coronel Lino D´Ou Allión, Francisca Arce, solicitó en el *Lyceum* su ingreso».[21]

Sin duda alguna el *Lyceum* desde un principio se proyectó como una institución de avanzada; y es que no debemos olvidar que sus fundadoras y otras que llegaron después militaron en sociedades feministas[22] que ya tenían entre sus miembros a líderes obreras negras; también tenían estrechos vínculos familiares o conyugales con los Minoristas: María Josefa Vidaurreta, esposa de Marinello, María Teresa Moré, de Rafael Suárez Solís, Margot Baños,

---

[20] Suárez Díaz, Ana. «Carta negra, *Diario de la Marina*, La Habana, mayo 5, 1929». *Cada tiempo trae una faena*, p.773
[21] Arocena, Berta. *Los veinte años del Lyceum. Un reportaje en dos tiempos* La Habana: Editorial Lex, 1949
[22] Margot Baños de Mañach, Elena Mederos, Lilian Mederos de Baralt, Josefa Vidaurreta de Marinello, María T. Moré de Suárez Solís, todas ellas pertenecieron a la Alianza Nacional Feminista.

de Jorge Mañach y Berta Arocena, de Guillermo Martínez Márquez.

Esta característica, el ejemplo y las experiencias en la labor político social de los grupos feministas y el éxito de la labor cultural de Pro-Arte Musical, les sirvieron de mucho y les abrió muchas puertas en estos primeros años. Armando Maribona, Mariblanca Sabas Alomá y otros intelectuales se dieron a la tarea de difundir la inauguración del *Lyceum* a través de las páginas del *Diario de la Marina*, en el que se hizo un gran trabajo proselitista y en cuyas páginas se fue dando a conocer mensualmente todas las actividades del año. Jorge Mañach, que era posiblemente el intelectual más asiduo al *Lyceum* y conocía muy bien la labor de sus directivas, definió así la idea de cultura que aquellas mujeres tenían:

«Ante todo, la idea de cultura que el *Lyceum* se hizo. No era solo cultura recibida pasivamente a través de libros, exposiciones, conciertos. Era, sobre todo, la cultura como ejercicio del espíritu, como discusión, comunicación, intercambio, proyección constante de la inteligencia y de la sensibilidad sobre el panorama de nuestro tiempo y de nuestro mundo, erizado de cuestiones polémicas, cargado de problematicidad».[23]

Este grupo de mujeres logró una homogeneidad dentro de una gran heterogeneidad; todas ellas estaban muy preocupadas por los problemas sociales, y en su mayoría provenían de la clase media y sobre todo tenían

---

[23] Mañach, Jorge. «El *Lyceum* y la Conciencia Nacional» Revista *Lyceum*, *vol.XI*. No. 37, febrero-noviembre, 1954: 82

inquietudes intelectuales y una instrucción de origen bastante diverso, algunas eran graduadas de escuelas religiosas, otras habían estudiado en los Estados Unidos, otras en Europa, y otras en escuelas públicas cubanas. Pocas de ellas eran graduadas universitarias, pero tenían un gran conocimiento del arte y la cultura de la época.

Las proyecciones políticas también eran diversas: Rita Shelton y sus hermanas guardaron prisión años después por oponerse al régimen de Machado; Berta Arocena militó en la Organización de Mujeres Revolucionarias, otras habían militado o lo seguían haciendo en los movimientos feministas; pero lo más importante es que eran herederas de una tradición criolla de la cual partieron para llevar a cabo sus proyectos.

Todas ellas eran mujeres muy progresistas a pesar de la posición social de algunas; ejemplo de ello fue el caso de Renée Méndez Capote quien expresó, en carta a Nicolás Guillén, refiriéndose a su obra Songoro Cosongo:

> [...] que bien nos reímos nosotros de esos blancos que reniegan del bongó, de la rumba, del son y que luego se estremecen en cuanto vibra en el aire un grito de ellos [...].[24]

Con toda esta diversidad de formaciones y un objetivo común, ellas hicieron evidentes los diversos propósitos de su política cultural, su pensamiento abierto y extenso y la elaboración de programas de largo alcance; para ello

---

[24] Pérez Heredia, Alexander. *Epistolario de Nicolás Guillén*. La Habana, Cuba: Editorial Letras Cubanas, 2002

establecieron las vocalías de deportes, propaganda y publicidad,relaciones sociales, exposiciones, conferencias, biblioteca, música, asistencia social, casa y clases; pudiendo surgir o desaparecer otras más efímeras según conviniera[25] y sin dejar de proponer y materializar durante sus más de 35 años de trabajo un sin número de proyectos socioculturales.

Pero no todo fue color de rosa durante los primeros años de su fructífera vida cultural, pues en reiteradas ocasiones se vieron envueltas en aprietos de pago de alquiler de la casa y del piano (un Steinway de un cuarto de cola); también tuvieron que enfrentarse a la crítica de algunos y sobre todo al desánimo que provocaba la situación económica y política a fines de los años veinte. Como el número de socias en aquellos momentos era muy bajo y el ingreso de dinero era realmente poco, la economía de las lyceístas era realmente precaria. Ellas tuvieron que ser muy inteligentes, no hacer gastos excesivos y adquirir una conciencia económica que les sirvió para desarrollar con efectividad proyectos en el futuro.

Para esquivar con éxito estos problemas y atraer nuevas socias, algunas mujeres de la directiva tuvieron que impartir clases gratuitamente y con éstas obtuvieron un éxito rotundo. Otras de las deficiencias fue la falta de locales para aulas u oficinas y la constante reparación de una casa vieja; éstas fueron preocupaciones constantes en los primeros años. También hay que tener en cuenta los

---

[25] En los años 1945-1947 se conforma la vocalía de Fábrica y Decoración que para 1949-1951 se llamó Proyectos y Decoración y para 1951-1955 Decoración y Jardinería

acontecimientos políticos ocurridos a partir de la década del treinta y destacar que la institución logra mantener sus puertas abiertas convirtiéndose en «el único centro de igual índole que lograra mantener vivo el fuego sagrado en el altar de la cultura».[26]

Sus proyectos pensados a largo alcance, pero sin apuros, y sus estrategias de trabajos se fueron evidenciando desde fecha tan temprana como 1929 cuando deciden celebrar el Día del Libro, el 19 de mayo, en homenaje al Apóstol. Con esta idea, deciden tomar el acuerdo de promover todos los años el libro cubano, dar divulgación a las últimas publicaciones y a través de los concursos promover la creación nacional. Entre otras de las acciones estuvo la publicación de algunas de las conferencias que se leían en sus salones dejando así un testimonio y un reconocimiento de obra de valor.

En la reseña del primer año del *Lyceum* hecha por Berta Arocena, ella expresa su satisfacción porque ya se habían cumplido sus ideales «aquellas promesas que brotaron a la sombra tutelar de un bello poema de Eugenio D´Ors ¿Lo recordáis? Se trata de *El molino de viento*. Mientras alza al cielo sus aspas, muele incesante la harina para el pan de los hombres».[27] Desde luego, se hacían evidentes los deseos en cierto modo cumplidos, de trabajar a favor de la comunidad, de una colectividad que en su mayoría no estaba preparada, es por ello que en la Memoria de 1932-1933 recalcan que ellas están «imbuidas de un anhelo de

---

[26] Vid. nota17.
[27] Regristro Anual. *Lyceum*: Memoria 1929-1930.

superación y un ansia viva de hacer aporte de cultura al ambiente nacional»[28] y que la casa del *Lyceum* recibe y se da a «todos los vientos de cultura y de renovación»[29]. Sabia decisión de estas damas que también entendieron la necesidad de profundizar y extender las diferentes temáticas que serían de gran importancia para el buen desarrollo de la vida espiritual de la mujer en los momentos de modernidad que se vivían; por lo que se propusieron «doblar los esfuerzos en el orden didáctico, desarrollando con mayor frecuencia las conferencias en serie, que permiten tratar con cierta amplitud y profundidad las diversas materias».[30]

Ellas, al tener en cuenta los tipos de receptores, supieron matizar las áridas pláticas de temas complejos con temas y charlas más ligeras que eran en su mayoría propuestas por las socias y en los que la directiva escogía y aprobaba teniendo en cuenta las necesidades de la mujer moderna; ellas también seleccionaban rigurosamente a las personas que consideraban aptas para disertar sobre los temas sugeridos.

Entre otros de los principios de su política cultural estuvo la de tolerar todas las ideas, planteamientos o teorías fuese cual fuese su enfoque ideológico, siempre que se expusieran con serenidad y con fines culturales; esto les propició una extensa lista de intelectuales y un ganado prestigio de madre reconciliadora, pues según Eugenio

---

[28] Regristro Anual. *Lyceum*: Memoria 1932-1933: 23.
[29] Ibid.
[30] Vid. Note 17

Florit[31] muchos de los hombres de letras que por uno u otro motivo se veían separados, después que entraban al *Lyceum* eran vistos conversando sobre temas de cultura. También abogaron por convicciones liberales y por un credo profundamente democrático.

En mayo de 1933 se crea la sección de Asistencia Social, muy diferente a lo que era Beneficencia, la cual se había inaugurado en 1930; indiscutiblemente ellas estaban bien enteradas de los últimos adelantos y de las nuevas tendencias en todos los órdenes y en el caso de la Asistencia Social quisieron ponerse a tono con las sociedades más avanzadas siendo ellas las pioneras en Cuba.

Para estos años, según Memoria de 1933-1934, se hace necesaria la reforma general de los estatutos debido al crecimiento de la sociedad (327 socias) así como concebir algunos cambios que la experiencia en los años anteriores les había mostrado; éstos consistieron fundamentalmente en regular con mayor precisión el desenvolvimiento de la vida social sin que hubiese cambio de estructura ni de ideología.

Para 1935 se proponen acciones para un proyecto de mayor alcance: intensificar las clases y los cursos para las socias y buscar la mayor diversidad de temas: economía política, literatura, música, deporte entre otros tantos. También mostraron un marcado interés por mejorar el

---

[31] Vid. Nota 16.

funcionamiento de la biblioteca pues sabían que ella era un medio muy eficaz para propagar cultura.

Como todo lo que se hacía en el *Lyceum* tenía perdurabilidad y seguimiento, se crea en 1936 —frente a la preocupación por el destino del libro cubano y a su escasa publicación, conscientes de la falta de estímulos en este sentido y con el propósito de promover la literatura hecha en Cuba— un premio anual para celebrar el Día del Libro; el mismo consistía en la publicación gratuita para el autor, del mejor libro de firma cubana, dentro del género literario propuesto, el año siguiente se declaró desierto y se suspendió hasta 1947 que se retomó con el nombre de Premio *Lyceum*.[32] De esta forma ellas hacían su aporte a la producción literaria nacional e impulsaban desde su directiva, una política de reconocimiento de mérito y concesión de oportunidades a los escritores y en especial

---

[32] Premios Literarios: 1930 Concurso de Cuentos en colaboración con la revista *Mañana y Social*, premiados: Ofelia Rodríguez Acosta y Aurora Villar Buceta, Mención Honorífica a Mercedes Milanés. 1931, Concurso de Cuentos Infantiles, premiada Herminia del Portal por su cuento *Miguelito*. *1936*, Concurso Literario, ganadora Renée Potes por su obra *El Romancero de la maestrilla*. En 1947 estos premios cambiaron su nombre por Premio *Lyceum* y en este año se propuso premiar la mejor obra sobre Cervantes en su IV centenario y resultó ganadora Mirta Aguirre con su trabajo *Un hombre a través de su obra: Miguel de Cervantes y Saavedra*. 1948 para la mejor obra sobre Enrique José Varona en su primer centenario, galardonado Pánfilo D. Camacho por su obra *Varona un escéptico creador*. 1949 tema libre, ganadora Rosario Rexach con su estudio *El pensamiento de Félix Varela y la formación de la conciencia cubana*. 1953 para conmemorar el primer centenario de José Martí con una antología del pensamiento cubano dedicada a los jóvenes, ganadora Anita Arroyo con *José Martí: raíz y ala*.

a la mujer. El premio se otorgaba el 19 de mayo, fecha en que la institución conmemoraba la muerte de Martí.

En 1936 se materializa un proyecto deseado por años: la revista de la sociedad, la cual tenía el propósito de orientar y difundir cultura en dimensiones aún mayores. Esta publicación recibió el nombre de *Lyceum* y la misma dejó de circular en el año de 1955.[33] Ésta fungió como vocera de los intereses de la institución y plasmó en sus páginas las actividades que entre sus muros se realizaban.

Entre las temáticas abordadas estaban: crítica literaria, artes plásticas, música, asistencia social, historia, poesía, educativo-pedagógico, cine, temas sobre el *Lyceum*, temas sobre la mujer, crítica teatral, ético-filosófico, cuento, obra de teatro, deporte y otras; de éstas las que aparecían con mayor frecuencia eran: crítica literaria, arte, música, acción social e historia. Esta revista se convertiría en una de las pocas de la época que trataron una mayor diversidad de temas. En sus páginas colaboraron los más prestigiosos escritores del momento, aunque también dio oportunidades a escritores noveles.

Con este afán de querer salirse de sus muros se proyectaron numerosas actividades en colaboración con otras instituciones, cooperando con cualquier empeño de cultura y de mejoramiento social; por eso contribuyeron con La Fiesta Intelectual de la Mujer, y el concurso sobre la ruta seguida por Colón en nuestra isla (convocado por

---

[33] Yáñez, Mirta. *Camila y Camila*. Ediciones La Memoria, 2003. La autora hace referencia a una revista *Lyceum* de 1959, aunque en las bibliotecas consultadas sólo aparecen hasta 1955.

el *Lyceum* a raíz de no conocerse con claridad la bahía donde el Almirante había puesto sus pies por vez primera). Este concurso se llevó a cabo en conjunto con La Sociedad Colombista Panamericana. También aportó al mejoramiento de los asilos correccionales de Guanajay y Aldecoa y cooperó con la Corporación Nacional del Turismo y la *Federal Art Project* de Washington, con esta última, para organizar una selección de cuadros de autores cubanos que fueron exhibidos, en misión artística y libre de todo costo para los ejecutantes, en diferentes lugares de los Estados Unidos. Realmente una gran labor por querer difundir el arte cubano en plaza tan importante como lo era Nueva York u otras ciudades.

Para 1937 la institución se traza unos claros objetivos, siempre en concordancia con los alcances y recursos a su disposición, es por eso que luego de que Max Henríquez Ureña cede su valiosa biblioteca a la sociedad por un período de 5 años, se proyecta inmediatamente la añorada idea de hacerla pública ampliando así la labor cultural que ya venía haciendo la institución, y por la cual ya había recibido unas cuantas distinciones como la del uso de la franquicia postal y la subvención de $1 200 anuales debido a la labor de extensión cultural que había realizado hasta entonces, y que le otorgara la Dirección de Cultura de la Secretaría de Educación; este dinero luego le fue suspendido por razones económicas en el presupuesto nacional.

Al recibir estas distinciones por supuesto que estaban aún más comprometidas con la sociedad cubana y con el propio *Lyceum* a realizar un trabajo con la mayor calidad y seriedad posibles; con ese fin elaboraron un cuestionario ínter socias relativo a las actividades que preferían, a los cursos que deberían establecerse, incluso sobre los libros que más honda impresión habían causado en ellas.

El resultado arrojó el deseo de las miembros por rescatar las actividades que se habían desarrollado en años anteriores y que otras más novedosas pudieran ponerse en práctica con éxito; pero no siempre lo que se tenía en mente podía materializarse sin ningún tipo de dificultades; limitaciones tuvieron, como la poca capacidad de la biblioteca ahora con una mayor cantidad de libros, sus locales estrechos y su poca iluminación.

Sin embargo, el deseo de que fuese pública, las llevó a reunirse en junta directiva y discutir la beneficiosa fusión del *Lyceum* con el *Lawn Tennis Club*, una de las instituciones femeninas que más tempranamente se habían fundado en La Habana (1913) y se dedicaba a las actividades deportivas y sociales; ésta tenía unos excelentes terrenos en el Vedado con los que las lyceístas podrían construir su Casa Social y en ella instituir la nueva biblioteca. Fue entonces que hicieron sus primeros contactos con las tenistas quienes se mantuvieron escépticas y con cierta reserva.

La idea de la fusión tuvo sus encontronazos sobre todo desde el punto de vista de las ideologías: las lyceístas muy progresistas y desprejuiciadas, las tenistas en su mayoría de una clase social superior eran más conservadoras y poseían ciertos prejuicios de índole social que el *Lyceum* no compartía.

Hubo entonces una silenciosa espera de un año hasta que las mujeres de cultura fueron llamadas a discutir sobre el tema que seguía ganándose adeptos y detractores, sobre todo entre las tenistas, por lo que, para evitar las malas interpretaciones de una labor de colectividad de tan grande trascendencia, la directiva del *Lyceum* editó una información con todos los detalles referentes a la fusión y fue repartido entre las tenistas.

En la segunda junta la idea fue aprobada por unanimidad y la mujer cubana dio una vez más prueba del deseo de colaborar a favor del mejoramiento colectivo; una unión que llevaba en sí un gran simbolismo: la unión del vigor del cuerpo con la sensibilidad del espíritu.

Para atender todos los trámites, el *Lawn Tennis Club* designó al Dr. Gonzalo G. Labarga y al señor Porfirio Franca quien expresó a las lyceístas:

«Los financieros también conocemos el valor económico que tienen la capacidad de trabajo, la iniciativa y el entusiasmo. Ustedes tienen esas condiciones; asociarse a ustedes no puede resultar nunca una mala inversión».[34]

Para la fusión fue necesaria la reforma de los estatutos por ambas partes, finalmente en 1939 se llevó a cabo y la nueva institución comienza a llamarse *Lyceum y Lawn Tennis Club*, y tempranamente emprende nuevos proyectos. El primero de ellos fue la fabricación de un edificio en el que pudieran desarrollarse con excelencia las

---

[34] *Lyceum*. Revista *Lyceum*, *vol. XI*. 37, febrero-noviembre, 1954: 39.

funciones y los planes que, basados en nuevos conceptos, se había trazado la sociedad; así como el aumento del capital que poseían para poder realizar tal empeño. Para ello se realizó toda una labor para atraer socias, muchas de ellas de la alta sociedad habanera, con el marcado, noble y doble propósito de conseguir de ellas beneficio económico y ellas de la sociedad todos sus servicios, también se organizó en el mes de noviembre de 1939 en el Hotel Nacional, una fiesta con el fin de recaudar el dinero necesario, se celebró una rifa y otras pequeñas actividades con los mismos fines aumentando el capital de $ 53.783,25 en junio de 1939 a $59.106,50 para el 31 de enero lo que supuso un aumento de $ 5, 323,25.

Dos años después de esta unión, la membresía asciende a 788, muchas de ellas eran estudiantes, otra gran cantidad trabajaba en sus propias casas, otras desempeñaban cargos públicos y el resto estaba formado por jubiladas, pensionadas, retiradas y un pequeño número de amas de casa.

Esta cantidad de mujeres que con los años iba en aumento, eran en su mayoría, miembros, pero no lyceístas pues ellas no estaban plenamente identificadas con los ideales de la institución a pesar de los esfuerzos que en este sentido hizo la sociedad a través de sus vocalías y el agrupamiento de las nuevas socias según sus intereses.

Algunas de ellas ni siquiera se sentían identificadas con sus secciones y menos, las que sólo se asociaban por el interés de pasar algún que otro curso o recibir clases. Los escasos logros en este sentido se hicieron realidad gracias a la acción directa de algunas lyceístas; sobre este hecho expresó Elena Mederos: «[...] El grupo de personas que se han hecho socias atraídas por la significación ideológica del *Lyceum* es exiguo [...]»[35] —y generalmente estaba formado por mujeres trabajadoras que supieron sacar tiempo para colaborar con la sociedad.

La directiva que asumió el cargo entre 1941 y 1943 tuvo como meta y objetivo primordial la construcción del edificio social diseñado por los arquitectos Lilliam Mederos y Ricardo Morales, bajo la firma de los contratistas y arquitectos García Metín y Gómez Millet quienes colaboraron económicamente en este empeño; con lo cual se pudo emprender la obra de la Casa Social, a pesar de que no se contara con el suficiente dinero en efectivo para sufragar el costo. Pero para que este proyecto se pudiera realizar en el tiempo y con la calidad requerida, no sólo colaboraron las socias con su propio dinero, sino que realizaron rifas, fiestas y peticiones. El Ayuntamiento de La Habana, el alcalde Raúl G. Menocal y el ex presidente de la República Dr. Federico Laredo Brú también dieron su aporte. Esta ayuda por parte del Estado estaba respaldada por los años de trabajo y resultados que el *Lyceum* había alcanzado.

Después de terminado el edificio que brindaría un excelente servicio de cultura a las socias, a la comunidad, a otras instituciones y a la intelectualidad toda, se restableció la economía del *Lyceum*, y en 1945 se llevaron a cabo otras ampliaciones en la planta alta y se construyó

---

[35] Ibedim. p. 40

una tercera donde tuvo por vez primera la sección de Asistencia Social su propio salón.

Resueltos los problemas de local, el objetivo fundamental para los años 1943-1945 siguió siendo la realización integral de la personalidad femenina y lograr en el ambiente cubano una fuerza de cultura y comprensión social. Los proyectos a tener en cuenta fueron: centrarse en la vida interna de la institución y su desarrollo, así como su proyección a favor de la colectividad, por lo que reafirmó su adhesión a los ideales democráticos que defienden las Naciones Unidas y se propuso realizar, con el propósito de crear una verdadera conciencia democrática, un sinnúmero de actividades que garantizaran a todos por igual el ejercicio de los derechos y el cumplimiento de los deberes ciudadanos; también estuvo muy al tanto de divulgar el conocimiento de los valores americanos y estrechar los vínculos entre Cuba y los demás países de nuestro continente propendiendo a un Panamericanismo fecundo.

Al estar conscientes de que uno de los medios más importantes para propagar cultura era la biblioteca pública, se preocuparon en consolidar sus actividades y lograr cada día una mayor extensión de sus beneficios; para ello se proyectó la inauguración de una Biblioteca Infantil. De la misma forma procuran una mayor difusión de las actividades culturales y de asistencia social. En cuanto a la vida interna, la directiva se propuso lograr entre sus afiliadas que no estaban identificadas ideológicamente con la proyección cultural y social del *Lyceum*, una mayor cohesión social para que así la labor de la institución fuese cabalmente sentida por las socias y que estas colaboraran con entusiasmo a su mejor realización. Otro plan a tener en cuenta fue el librarse de los compromisos económicos pendientes para lograr así una estabilización monetaria; construir locales especiales para aulas y conceder atención especial a las actividades deportivas, conscientes de la importancia que ello tiene para el desarrollo integral de la mujer.

Para este período se convoca el concurso del Día del Libro con el afán de estimular un sector literario bastante abandonado: el cuento escrito para niños, cuyo tema giró sobre ambiente cubano y tuvo como objetivo despertar el interés de los infantes por Cuba.

En el mes de abril de 1949 adquirió el *Lyceum* dos propiedades colindantes apoyándose con el aporte económico de sus socias y la contribución brindada por el Gobierno de la República a través de la participación en dos sorteos de la Lotería Nacional; con todo ello iniciaron la fabricación de un aula taller y el equipo y decoración interior de la casa, también planearon la realización de una discoteca.

En lo que respecta a los deberes que el *Lyceum* tuvo con la sociedad cubana, se trazan el objetivo de vincularse mediante el trabajo mancomunado a otras instituciones, por lo que decidieron establecer contacto directo y efectivo con las asociaciones femeninas de otras provincias de Cuba a las que facilitaron, siempre que fuera posible, los medios para desarrollar actividades de índole cultural.

Ya desde su fundación había prestado servicio de cultura a la cárcel de mujeres en Guanabacoa con préstamos de libros y actividades culturales; también durante muchos años colaboró con escuelas primarias cercanas y realizó una labor de divulgación encaminada por una parte a mejorar la educación cívica de la mujer cubana a través de cursos, clases, charlas, comentarios; y por la otra a incorporarla activamente a tareas sociales a favor de la comunidad y del desarrollo espiritual y económico de Cuba.

Siguió prestando atención a los problemas que afectan con urgencia a la niñez desamparada y propició ediciones de obras cubanas inéditas o agotadas cuyo conocimiento y difusión eran de gran importancia para la cultura, ejemplo de ello fue las Danzas de Saumell. También, con vistas a contribuir a la superación de la mujer, creó en 1949 la Beca *Lyceum*[36] que consistía en enviar al becado a estudiar artes, ciencias o letras al extranjero, durante un año.

Para 1950 estuvo muy pendiente del rescate de nuestra historia y de nuestra cultura y para ello celebró el Centenario de la Bandera, y ese mismo año y por iniciativa

---

[36] Becas para estudiantes jóvenes. Cubrían gastos de viajes, matrícula y manutención por 9 meses y se concedían al mejor proyecto de estudio. Fueron premiadas: en 1949 Rafaela Chacón Nardi, para estudiar Educación Fundamental en la comarca de Nayarit en México, el resultado fue un libro en cooperación con la UNESCO titulado: *Proyecto de educación fundamental*; y en 1951 Marta Arjona para estudiar cerámica artística en Francia. El resultado fue una exposición en el *Lyceum*. Rosario Rexach: El *Lyceum* de La Habana como Institución Cultural. http://www.library.miami.edu/umcuban/cuban.html

de Piedad Maza se ofrecieron una serie de conferencias destinadas a hacer una revisión de la historia y cultura cubanas durante la primera mitad del siglo XX. Tampoco el Séptimo Arte escapó de sus manos, ya que imbuidas por el deseo de un cine nacional convocaron para los días 12, 24 y 31 de octubre de 1949, siempre a partir de las nueve de la noche, una mesa redonda con las personas e instituciones interesadas, discutiendo ampliamente un temario redactado al efecto y en el que se enfocaban los tres aspectos fundamentales del asunto: el económico, el técnico y el estético; y como resultado de estos debates y conscientes de que la cinematografía como arte era un alto exponente de la cultura de los pueblos modernos y que en Cuba necesitaba ser encauzada, propusieron entregar al Senado una propuesta de ley con 33 artículos y disposiciones transitorias, donde aclaran los principales problemas, posibles soluciones y proyectos a llevar a cabo para así conseguir «una industria cinematográfica floreciente y vigorosa, que brinde a Cuba la mayor suma de prestigios artísticos».[37]

También siguieron haciendo énfasis en la difusión de los valores americanos a través de conferencias, exposiciones, recitales, comentarios de libros, proyecciones cinematográficas, etc.

Participaron y apoyaron todo tipo de celebraciones, encuentros, seminarios, y conferencias que desarrollaron otras instituciones ya fuesen cubanas o extranjeras. Es por ello que con motivo de la celebración en La Habana de IV

---

[37] *Lyceum.* «Proposición de ley». Colección del autor.

Congreso de Literatura Iberoamericana, las lyceístas dieron un recibimiento a los delegados y prepararon una exposición de libros y grabados que con este motivo se realizó.

También participaron en el Seminario de Enseñanza de las Naciones Unidas, apoyaron las actividades de la Conferencia Regional de la Unesco y recibieron y participaron en las reuniones que celebraron en La Habana algunos miembros de clubes de mujeres de los Estados Unidos.

Entre 1951 y 1953 la institución propuso concentrar su atención en tres aspectos: el interior (la sociedad *Lyceum*), el nacional y el internacional, siempre que interesara a la proyección social de su directiva. Una muestra de querer mantener un justo equilibrio entre lo nacional y lo mundial. Ésta se proyectó en lo internacional a través de la afirmación de fe democrática, y procuró colaborar, en la medida de sus posibilidades, a una mayor difusión de los esfuerzos y realizaciones de las Naciones Unidas, así como cooperar con las labores de la Unesco a favor de la educación para la vida democrática. Siguen teniendo muy en cuenta el acercamiento de los cubanos a Hispanoamérica, y para ello presentaron un amplio programa de cultura hispanoamericana en el que colaboraron las secciones de biblioteca, música, exposiciones y conferencias.

Para esta fecha se empeñaron en crear, en la biblioteca, una sección llamada clásicos hispanoamericanos, y que la discoteca de la misma, contara con las obras musicales más representativas de estos países. Para el logro exitoso de estos proyectos la directiva solicitó el apoyo de las representaciones diplomáticas de las naciones de Hispanoamérica acreditadas en Cuba con el objeto también de lograr el desarrollo de programas similares en sus respectivos países.

En lo nacional la directiva mantuvo la beca anual y el Premio *Lyceum*, continuó estimulando, como ya lo había estado haciendo, toda iniciativa que tendía a crear núcleos de acción cívica femenina en el interior de la República, y se fundan las filiales del *Lyceum*: Santiago de Cuba 1950 y otras en Pinar del Río, Matanzas y Camagüey, en un deseo de proyectarse en el panorama nacional.

Entre otros aspectos clave que tuvo en mente, estuvo el apoyo a niños y jóvenes frente al abandono y la explotación; a tal fin se propusieron luchar muy concretamente por la promulgación de la legislación integral de menores.

En el plano de la vida interior de la sociedad brindaron especial atención a la revista *Lyceum* y al programa mensual de actividades, teniendo en cuenta lo que representa la institución para Cuba y América. También pretendieron seguir mejorando la Casa Social y lograr una mejor coherencia entre las actividades lyceístas.

En estas tres vertientes trabajaron año por año hasta 1968 fecha de su desaparición, y durante todo este tiempo llevaron a cabo otros proyectos.

En el año 1953 celebraron el Centenario Martiano, y en junta extraordinaria del 31 de marzo de 1953 se crea la Fundación *Lyceum* Centenario Martí.[38]

Para la década de los años 50 muchas de las socias tenían oficios diversos y pertenecían a distintos centros de trabajos o estudio: Biblioteca Nacional, laboratorios de rayos x, Hospital Calixto García, Empresa Consolidada de la Sal, Oncológico, Ministerio de Justicia, Industria Azucarera, Conservatorio Internacional de Música, Embajada Británica, Hospital de Mazorra, Banco Nacional, Cía. De Teléfonos, Consejo de Cultura, Escuela de Comercio, *Panamerican World*, Cancillería del Arzobispado, Instituto del Vedado, modistas, Dra. en Filosofía y Letras, profesora de la Universidad de las Villas, doctora en Medicina, maestras, profesoras de inglés, francés, matemática, música, abogada, contadora, oficinista en *Pan-American*, dentista, profesora de la Universidad de La Habana, bodeguera, jueza, mecanógrafa, enfermera, farmacéutica, de Relaciones Exteriores, traductora, trabajadora social, directora de escuela, Dra. en Ciencias física-químicas, artista de televisión, profesora de la Escuela de Ballet de La Habana, directora de artes plásticas, Dra. en Pedagogía, secretarias, estudiantes de secundaria, de la Universidad de La Habana, de la Alianza Francesa, de la Escuela de Comercio, estudiantes de arquitectura, de alemán, de

---

[38] Esta Fundación tenía como objetivo «contribuir a la formación profesional, cultural y cívica de nuestras juventudes mediante la presentación de ayuda económica y orientación integral a estudiantes de cualidades excepcionales que por la escasez de recursos económicos se vean impedidos de continuar y terminar sus estudios». Documento, colección del autor.

diseño de modas, de piano, entre otros, dando muestra de la diversidad y aceptación en la institución.[39]

En enero de 1954, el *Lyceum* invita a 56 asociaciones femeninas de todo el país a reunirse en su Casa Social los días 25, 26 y 27 de febrero con vista a la celebración de sus 25 años. Para esta ocasión Ada López de Miles, la presidenta en ese momento, redacta una carta de invitación donde comenta que:

«Hasta la fecha y con contadas excepciones, esas instituciones se han mantenido desvinculadas unas de otras, sin conocerse bien entre sí y sin establecer relaciones de colaboración que haría más efectiva y extensa su labor en pro de la comunidad. Por esta razón, el primer objetivo de la conferencia a que se convoca es el de propiciar el acercamiento entre las asociaciones femeninas que concurran a ella».[40]

Además, deja bien claro su deseo de colaborar en el buen desempeño de todas estas instituciones a través del estudio de «problemas comunes [...] intercambiar ideas [...] y elaborar proyectos».[41]

Conjuntamente con esta carta se le envió a cada institución un temario que debían llenar para así tener una idea de las actividades que realizaban y los problemas que enfrentaban.

[39] Documentos en archivo: «*Lyceum*». Habana, Cuba. Biblioteca Nacional José Martí.
[40] Carta del 18 de enero de 1954 firmada por la Pta. Ada López de Miles. Colección del autor
[41] Ibid.

El formulario debía devolverse lo antes posible para conocer la cantidad de personas que asistirían y que no debían pasar de tres por cada institución.

Entre los temas que se debatieron, los más importantes fueron los proyectos o acuerdos que se tomaron, los cuales fueron recogidos en un informe sobre Reuniones de Asociaciones Femeninas. Ellos fueron:

1. Realizar una segunda reunión en 1955.[42]
2. Realizar ese mismo año una Campaña de Alfabetización en la que cada institución contribuyera de acuerdo con sus posibilidades.

Para este fin se repartieron cartillas de alfabetización para adultos elaboradas por la Dra. Ana Echegoyen en colaboración con la parte femenina del Club Atenas. Se designó una comisión encargada de impulsar esta campaña; la propia Ana Echegoyen en entrevista con una reportera de *Mujeres Cubanas* ofrece más información al respecto.[43]

---

[42] Esta reunión se pospuso para el año 1956.

[43] «Nosotras —nos responde— ya hemos elaborado un plan. Primero se realizará el trabajo para preparar alfabetizadores, y luego se abrirá un centro de alfabetización. Se llamará a las distintas organizaciones interesadas en el asunto para que envíen jóvenes al cursillo preparatorio, de carácter libre, que ofreceré para preparar alfabetizadores. De ese cursillo saldrá el personal para el centro [...] se distribuirá material y cartillas de alfabetización, mil de éstas cuales he donado ya al Club Atenas». Este cursillo también se repartió en el *Lyceum* de Santiago de Cuba. Datos en recorte de revista s.f. y programa del *Lyceum* de Santiago. Colección del autor.

En el propio mes de febrero a sugerencia del Dr. Jorge Mañach y de otros intelectuales, se le entregó al *Lyceum*, una placa de plata con motivo de los 25 años de su fundación.

El gran interés que siempre despertó en ellas el vínculo con América las llevó a tratar de establecer relaciones con sociedades femeninas del continente y a través de la Vocalía de Intercambio y aprovechando la presencia en Cuba de los delegados al Seminario de Juventudes les entregan unas planillas que debían llenar los interesados. El fin de esta relación era «propiciar el mutuo conocimiento de sus actividades y promover una efectiva cooperación cultural entre sí».[44]

Los escasos comentaristas o estudiosos del tema *Lyceum* piensan que durante la década de 1950 la sociedad iba en decadencia:

El *Lyceum* siguió trabajando intensamente hasta mediados de la década de los cincuenta, hasta que los sucesos políticos de la época provocaron el languidecimiento de la vida cultural del país, en general, y en la del *Lyceum*, en particular.[45]

---

[44] Algunas de las sociedades que respondieron a este llamado fueron: de Panamá el Club Interamericano de Mujeres y la Asociación Nacional de Muchachas Guías; y de Uruguay la Asociación Cristiana Femenina, Acción Católica del Uruguay, Juventus (Sección Femenina), Asociación de Estudiantes y Profesoras Católicas y Asociación de Mujeres tituladas de la Universidad de Paraguay. Todo esto aparece en carta de octubre 19 de 1954. En colección del autor.
[45] Lazcano, Dayilién. *Lyceum Lawn Tennis Club* en la Bibliotecología cubana (Tesis de Diploma).

Tras una revisión de varios programas generales publicados por la institución después de 1950, se comprobó que si bien en algunos de ellos (de carácter mensual) las actividades no eran numerosas, en otros sí lo eran, y sobre todo había diversidad temática. Así lo demuestran los programas correspondientes a: mayo 1956; junio, julio y agosto de 1958; julio, octubre, noviembre y diciembre de 1959; enero, febrero, julio y agosto de 1960.

Según los anuncios generales durante el año 1958 las lyceístas deciden realizar un ciclo de temas cubanos. El mes de enero se dedicó a la música del siglo XIX, febrero al teatro y abril a las nuevas iglesias y como era costumbre, en estas publicaciones se les hacía un llamado a las socias a interesarse por estos temas.

Enero de 1959 es recibido con beneplácito por un gran número de lyceístas que sentían, al igual que la mayoría del pueblo cubano, un gran descontento por las atrocidades cometidas por el dictador Fulgencio Batista. En el mes de febrero hacen un llamamiento a todos los sectores de la ciudadanía a través del programa destinado a dar a conocer las actividades a realizar por la institución, en las páginas 2 y 3 de dicho programa reflejan las siguientes ideas:

Del *Lyceum* a sus socias

Hay en la evolución de los pueblos, a través de su proceso histórico, situaciones críticas en que se liquida el pasado y se abren nuevas perspectivas hacia el futuro con horizontes insospechados de esperanza y de fe. Sería absurdo dejar pasar estas ocasiones propicias sin que rindan el máximo de beneficio para la colectividad y la renovación de la conciencia moral en los ciudadanos.

El primer día del año 1959 trajo para nuestro país una de estas coyunturas favorables para la transformación integral de la vida pública a base de hechos concretos y no de meras apariencias derivadas de ilusiones y buenos deseos en el orden superficial. Se trata de una revolución con caracteres peculiares que le imprimen un perfil propio, de singular relieve.

En efecto por primera vez en nuestra historia, se logró el resultado de un movimiento revolucionario a base de autodeterminación e independencia total, sin la influencia de potencias extranjeras que intervinieran en el conflicto interno para definirlo en uno u otro sentido. La nacionalidad cubana quedó firmemente acentada [sic] sobre los fundamentos de un estado libre y soberano.

Este milagro pudo hacerse también sin la intervención directa del militarismo oficial, por la creación de un Ejército noble y digno que fue forjando el instrumento para la defensa nacional en los campos de batalla en una guerra justa contra las fuerzas de la tiranía.

Ese ejército se nutrió principalmente, en sus filas del campesinado, o sea la parte más sana y pura de la población cubana, cuyos rasgos positivos supieron aprovechar sus dirigentes para elevarlos a niveles superiores que resaltan en la humildad, el espíritu de sacrificio, el desinterés y la abnegación de los bravos legionarios que La Habana ha acogido con tanto entusiasmo y fervor.

Mientras se combatía en las zonas rurales con excepcional coraje, en las ciudades y en los pueblos de toda la Isla aumentaba la persecución e iban cayendo día a día los héroes anónimos torturados cruelmente y asesinados a mansalva por la Tiranía. Estos mártires de la causa de la libertad procedían de todas las clases sociales y de todas las ideologías, lo que contribuyó a dar al movimiento revolucionario una amplia base popular.

Pero la fuente de energía inagotable que sostenía a los luchadores en los campos y en las ciudades tenía su origen en las reservas morales que afirmaban los valores del espíritu y la defensa de los derechos humanos, tantas veces conculcados por los representantes de la Dictadura. Era preciso colocar, frente a la decadencia, y a la corrupción del régimen imperante, el cultivo de las grandes virtudes de la honradez, la lealtad, la sinceridad y la fidelidad a los principios éticos.

Estas circunstancias han contribuido a reafirmar la fe de nuestro pueblo en las fuerzas revolucionarias que han logrado alcanzar el triunfo definitivo a través de una larga serie de luchas y sacrificios. Su mayor timbre de gloria se encuentra en haber vencido el escepticismo, la indiferencia y la inercia que largos años de frustraciones habían producido en el ánimo de los cubanos como resultado de las dolorosas experiencias vividas en etapas anteriores. Para consolidar en una paz estable y duradera las conquistas logradas en los campos de batalla se requiere una actitud alerta y constructiva por parte de la ciudadanía. No se trata, pues, en los momentos actuales de reclamar derechos, sino de cumplir deberes, cada cual en su puesto y desde el lugar que le corresponde, tanto en el orden institucional como en el aspecto personal.

Por tales motivos, el Lyceum lanza un llamamiento a todos los sectores de la ciudadanía para que unan sus esfuerzos en un apretado haz a fin de lograr la más completa integración nacional, a base de los grandes objetivos que ha de plasmar en realidades la Revolución

triunfante, para poder resolver los problemas que afronta Cuba en
los actuales momentos con el máximo de eficacia.

Esa finalidad solo puede lograrse a través del apoyo desinteresado a
las iniciativas loables y de la crítica objetiva y serena a los errores
cometidos, que constituyen las verdades bases de democracia genuina
y que requieren la participación activa de los elementos del país en la
reconstrucción nacional.[46]

Según Onelia Cabrera, 1959 fue año difícil debido a que
empezaron a manifestarse entre las lyceístas, las
tendencias de izquierda y de derecha. Muchas de las socias
se dieron baja de la institución, la mayoría —según
documentos—[47] no daba motivos, pero otras hicieron
contar su salida definitiva de Cuba.

En el año 1955 la cifra de socias era de 1 666, las de 1960
de 623 y 1961 de 560; sin embargo, consta que para el
propio año 1959 se dieron de alta 229 mujeres. También
para marzo del propio año 1959 se crea una nueva junta
directiva que al igual que las que surgieron hasta 1968
sigue teniendo en cuenta los lineamientos y programas
que el *Lyceum* había desarrollado durante más de treinta
años: la superación integral de la mujer, la atención al niño
y al adolescente a través de clases, cursos, conferencias,
exposiciones, recitales, y otras actividades. Hacen énfasis
en el libro cubano y en llevar a cabo publicaciones
agotadas o de interés; organizan congresos, concursos y
continúan dando prioridad la asistencia social.

---

[46] Programa General, febrero 1959: 2-3. http://www.library.miami.edu/
umcuban/cuban.html
[47] Vid. nota 39.

Los temas culturales, sociales, científicos y educativos: universales, americanos y cubanos; así como lo folklórico, lo popular, la alta cultura, la música de concierto, la sacra y el canto lírico; siguen siendo ese diapasón por el cual trabajaban, siempre desde esa perspectiva refinada y propia de las mujeres del *Lyceum*.

Como máxima, se interesan por dar a conocer las noveles generaciones de escritores, pintores, músicos, ceramistas, escultores, etc. Explotan las posibilidades culturales que ofrece una Biblioteca Pública para adultos y una juvenil a través de una variedad de actividades, y continúan mostrando los resultados de las clases de tejido, bordado, guitarra y otros a través de exposiciones y recitales; estimulando de esta forma las inquietudes artísticas de sus socias.

Según programa de marzo de 1962, la directiva «dedicará un día del mes a mostrar a las socias las distintas actividades de la institución. Las socias adquirirían así pleno conocimiento del trabajo que se realiza, vinculándose más íntimamente con el mismo. La primera visita será al ropero».[48]

Se preocuparon por mantener las conferencias a través de ciclos literarios; se abordaron temas universales, americanos y cubanos; recuperaron grupos artísticos propios de la institución como fue la Coral Juvenil. Es cierto que durante los años sesenta el *Lyceum* no gozaba del esplendor de años atrás, pero recordemos que el

---

[48]   Programa   General,   marzo   1962:   4. http://www.library.miami.edu/umcu- ban/cuban.html

nuevo Gobierno que surge después del primero de enero de 1959, pone en práctica una serie de proyectos e instituciones a las que van a trabajar muchos de los intelectuales que fueron asiduos colaboradores del *Lyceum*, e incluso las mujeres que pertenecieron en más de una ocasión a la directiva.

La sociedad cultural de las mujeres cubanas ya no era de las pocas que brindaban un servicio de cultura, de asistencia social, de alfabetización ni de atención al niño y a la mujer. Surgen instituciones, organizaciones y proyectos con un alcance nacional como la Federación de Mujeres Cubanas,[49] la Campaña de Alfabetización, la Casa de las Américas, las galerías de arte, los conservatorios, entre otros, y en ellos participarían hombres y mujeres de cultura y ciencia.

Unido a todo esto debemos recordar la visión clasista que prima durante varios años del inicio de la revolución y el rechazo a todo lo proveniente de la burguesía. A pesar de todo ello, figuras como Jorge Mañach, Cundo Bermúdez, Abela, Mirta Cerra, Portocarrero, Amelia Peláez, Víctor Manuel, Lezama Lima, Alejo Carpentier, Rosario Novoa colaboran entre 1959 y 1961. Herminio Almendros, Odilio Urfé, Camila Henríquez Ureña, Antonio Quevedo, Eliseo Diego, Cintio Vitier, Luis Sánchez de Fuentes, Orlando Martínez, José Lezama Lima, Mario Parajón y muchos más, entre 1962 y 1968.

---

[49] Rodríguez Columbié, María Luisa. Entrevista personal. Cuba, 9 enero 2006: «Vilma Espín y un grupo de mujeres visitaron la sociedad *Lyceum* en busca de experiencias y orientación sobre el trabajo con la mujer».

Las mujeres que pertenecieron a esta sociedad femenina y partieron al exilio en Miami, organizaron allí su *Lyceum*[50] aunque no se tiene noticias de sus actividades, pero lo más probable es que hayan mantenido los mismos lineamientos.

El *Lyceum y Lawn Tennis Club* a pesar de haber sido una sociedad burguesa no se proyectó como tal, sino que rebasó los marcos de su clase social y así lo demuestra su política cultural y los innumerables proyectos socioculturales que llevó a cabo; por ello se convierte en una de las instituciones más progresistas del siglo XX cubano.

Debido al surgimiento de otros proyectos culturales llevados a cabo por el nuevo Gobierno, las bajas de sus socias y miembros de su directiva o las distintas funciones que tuvieron que desempeñar en otras instituciones; todo esto sumado al desprecio reinante durante la década del sesenta a todo lo que hubiera nacido de raíz burguesa, la sociedad cultural *Lyceum y Lawn Tennis Club*, poco a poco fue perdiendo parte del protagonismo que tuvo antes de 1959 frente al empuje de esas nuevas organizaciones que surgían y que asumirían, de cierta forma, las funciones o proyectos que realizaba la sociedad cultural de las mujeres cubanas, aun cuando en ellos haya quedado el germen del proyecto cultural más importante del período republicano: El *Lyceum* de La Habana.

---

[50]«Información fotográfica». http://www.library.miami.edu/umcuban/cuban.html

De una forma u otra el *Lyceum* sobrevivió en instituciones posteriores. Al respecto Harold Gramatges expresó en entrevista al autor: «Nosotros organizamos el grupo Nuestro Tiempo a semejanza del *Lyceum* y después del triunfo revolucionario surge la UNEAC y ésta se organiza a semejanza de Nuestro Tiempo.»[51]

La Casa de Cultura de las mujeres, como la llamó Jorge Mañach en conferencia sobre la institución, se cierra según Rosario Rexach, el 16 de marzo de 1968. Época llamada El quinquenio o El decenio gris. «Cuando el Gobierno cubano decidió su incautación con la oposición sabida de algunos de sus miembros más preclaros».[52] Es actualmente la Casa de la Cultura del Municipio Plaza de la Revolución, en La Habana.

---

[51] Gramatges, Harold. Entrevista personal. 7 de abril 2006, 10:30 am
[52] «El *Lyceum* de La Habana como Institución Cultural: 9». http://www. library.miami.edu/umcuban/cuban.html

VOCALÍA DE MÚSICA: DIRECTIVAS

	1929-1931	
Sara Méndez Capote		Mary Caballero de Ichaso
	1931-1933	
Margot Rojas		Mercedes Muñiz
	1933-1935	
Margot Rojas		Mercedes Muñiz
Esperanza Hill		Mary Caballero
	1935-1937	
Silvia López		Emilia Coyo
	1937-1939	
Silvia López		Rovirosa Anita Ramírez
	1939-1941	
Carmelí Rivas	Rosa Cuní	Martha Betancourt
	1943-1945	
Rosa Cuní		Conchita Muñoz de Cárdenas
	1945-1947	
Clara Rodríguez	Rosa Cuní	Bacardí de Carrera Jústiz
	1947-1949	
Ofelia Veulens de Álvarez		Margot Menéndez
	1949-1951	
Ofelia Veulens de Álvarez	Elena Pérez de Escarza	Martha Fernández Morrell
	1951-1953	
Adolfina Fernández de Grave de Peralta		Aida Betancourt de Serra Baude
	1953-1955	
Rosa Leonor Whitmarsh		Onelia Cabrera

64

4

SECCIÓN DE MÚSICA

A pesar de la existencia de sociedades culturales tan prestigiosas como Pro-Arte Musical y el quehacer de la filarmónica, que habían abierto sus salones a la música europea más contemporánea y a la nacional de contenido afrocubano —algo que no hizo la sinfónica, que sí se mantuvo con un repertorio más conservador— el *Lyceum* decide que una de sus secciones sea dedicada a la música.

La existencia de un grupo de mujeres calificadas en esta rama del arte, las llevan a prestar su servicio al llamado de la vocalía de música. Un gran número de profesionales de la guitarra, el piano, el arpa, el violín, cantantes líricos, directoras corales y profesoras se dieron cita mensualmente en los salones de la sociedad sin dejar por ello de recurrir también a la colaboración de los talentosos hombres de esta manifestación artística. Fue premisa de esta vocalía, dar muestras de buen gusto y exponer lo mejor de la música de concierto, folclórica, tradicional o popular cubanas y extranjeras de todos los tiempos haciendo énfasis en la música más contemporánea.

La escritora española Concha Espina quien visitara el *Lyceum* en 1929, fue recibida con una tarde de música cubana: Moisés Simons y Carmen Burguete. Lo mismo hicieron con Gabriela Mistral y esta vez Ernesto Lecuona, Carmen Burguete, Sindo Garay y el Son Sexteto Habanero, fueron los encargados de mostrar la calidad de lo que en esta rama del arte se hacía en la Isla.

Cada fecha histórica, acontecimiento cultural, social o político cubanos eran celebrados con una muestra de nuestra música: la Navidad, con muestras de villancicos populares y canciones alegóricas propias de nuestros compositores; la muerte de Martí, con canciones de Lecuona a las cuales se les intercalaron versos del Apóstol; el Día de las Américas, el Día de la Paz, el Festival Pro Biblioteca Pública del Vedado; este último se llevó a cabo en 1941 y para el mismo presentaron un Show Cubano donde se interpretaron: «Cecilia Valdés», «María La O», «Linda guajira, «Siboney», «Rapsodia cubana», y una representación de los géneros *guaracha, habanera, danzón, pregón, son, rumba, conga y bembé; este show* fue una representación variada y desprejuiciada de los temas afrocubanos y campesinos. Los temas campestres tuvieron una muestra relevante por parte de César Pérez

Sentenat. Entre los géneros más expuestos estuvieron la *canción, el capricho afrocubano, la criolla, el pregón, el capricho ñáñigo, el bolero, la canción blue, el vals y el cucalambé.*

El sábado 26 de febrero de 1935 debuta en los salones del *Lyceum* la jovencita Esther Borja, acompañada al piano por Ernesto Lecuona. Presentó un ciclo de canciones con textos de José Martí: «Un ramo de flores», «La que se murió de amor», «Una rosa blanca», «Es mi canto de amor», «Tu cabellera» y «Sé que estuviste llorando». Años después ella, acompañada de Sarita Escarpenter y Osvaldo Escobar, interpretan canciones populares y danzones cubanos del ayer y del presente. Luego de una larga gira por Estados Unidos de América, Esther Borja regresa a Cuba en 1948 y ofrece un recital en el *Lyceum*, una muestra de nuestra cancionística del siglo XIX, principios del XX y canciones actuales en tonos de *melodía, canción, habanera, guaracha, bolero, canción bolero y madrigal.*

Otro de los cantantes invitados fue, Ignacio Jacinto Villa Fernández (Bola de Nieve) y entre las obras que interpretó, figuraron las de temática negra, de la autoría de Gilberto Valdés, Margarita Lecuona y canciones con versos de Nicolás Guillén y música de Emilio Grenet.

Dentro de las labores de esta vocalía, estuvo la de dar a conocer a través de conferencias y representaciones musicales, a los mejores músicos cubanos del siglo XIX, fue el caso de Nicolás Ruiz de Espadero, Saumell, Hubert de Blanck, entre otros.

Según consta en los programas mensuales de música de la década del cincuenta, los conciertos de temas cubanos aumentaron y fueron interpretados además de los ya mencionados: Orlando de la Rosa, Mario Fernández Porta, Gonzalo Allué, Luis Casas Romero, Eusebio Delfín, Félix B. Caignet, Facundo Rivero, Juan Bruno Tarraza, Cora Sánchez Agramonte, Sergio de Karlo entre otros. Es de destacar la primera audición en Cuba de tres canciones para canto y piano del aclamado músico y compositor cubano José Manuel Jiménez (1851-1917): «Las Ondinas», «Amor» y «Crepúsculo». También para la fecha de 1953 y en conmemoración del Centenario de Martí, organizan un recital a cargo de Belén Ramos acompañada al piano por Paquito Godino; diez canciones con temas y poemas del Apóstol fueron interpretadas la tarde del viernes 19 de 1953.

El *Lyceum* siempre tuvo entre sus fines y en todas las manifestaciones del arte, promover y estimular a los compositores y cantantes, sobre todo a los noveles, así como la interpretación o la creación de obras artísticas nacionales; para ello estableció en 1955 el Concurso de Interpretación de Música Cubana para Piano y con esta nueva iniciativa divulgó los valores de los mejores exponentes del país y a su vez brindó una oportunidad de superación a las jóvenes generaciones de ejecutantes. Este proyecto desencadenó un sinnúmero de elogios por parte de críticos, especialistas y músicos[53]; un ejemplo de ello fue el que expresara Raúl Gómez Ankerman: «Sin lugar a dudas constituye una novedad entre nosotros digna de ser continuada en instituciones culturales que se preocupen por el progreso de la música.»[54]

La ganadora por unanimidad para este primer certamen fue la joven villaclareña Rosarito Andino, alumna del profesor Jascha Fisherman quien interpretó a Saumell, Cervantes, María Emma Botet, Carlo Boroella, Aurelio de la Vega, Caturla, Harold Gramatges, José Ardévol y Edgardo Martín.

La presencia de Onelia Cabrera Lomo y Rosa Leonor Whitmarsh en la vocalía de música, trajo consigo que durante los años cincuenta los conciertos de música cubana fueran más asiduos en los salones del *Lyceum*; se llevaron a cabo alrededor de trece hasta 1958, uno de ellos acompañado por el Conjunto de Eduardo Saborit; también se celebraron hasta 1960 cuatro ediciones del Concurso de Interpretación de Música Cubana para Piano. En 1960 se presenta en los salones del *Lyceum* el Conjunto Típico Cubano y en el programa del mismo, el musicólogo Argeliers León ofrece una reseña sobre el origen del son y su papel estético.

---

[53] Dr. Frieder Weissman, Aurelio de la Vega, Dr. Luis Baralt, Laura Rayneri de Alonso, Orfilio Suárez de Bustamante y Raúl Gómez Ankerman. En programa de música 29 de marzo 1955. Colección del autor.
[54] «Programa de Música». *Lyceum y Lawn Tennis Club*, 29 de marzo 1955. Colección del autor.

Desde su inauguración en 1929, esta sociedad ha tenido como premisa, invitar a distintas instituciones culturales a compartir sus salones; varias corales visitaron el *Lyceum* durante su larga vida cultural. La Coral Juvenil Cubana, fundada en 1956 por Carlos Piedra y ahora bajo la dirección de Carmen Rivera, celebró La Navidad de 1960 con la interpretación de canciones del folklore cubano. La idea de crear un Conjunto Folklórico de Voces y Guitarras del *Lyceum* bajo la dirección de Humberto Bonet es otra de las tantas iniciativas que con respecto a la divulgación del quehacer musical de Cuba se proyectó la institución; el mismo estaba compuesto por 18 miembros y tuvo durante los años sesenta una labor activa. El 28 de junio de 1963 interpretaban veintiuna canciones de nuestros más laureados compositores. En los años posteriores se siguen interpretando canciones cubanas de diferentes autores: Raúl Garay, María Álvarez Ríos, Armando Romeu, Lecuona, E. Grenet, Rodrigo Prats, Teresita Fernández y otros tantos de la cancionística cubana. Es digno de destacar el interés, por parte de la vocalía de música, en la interpretación de canciones; evidentemente a través del canto se pueden resaltar y trasmitir una serie de valores nacionales, además con la muestra de las obras de nuestros más eminentes artistas se resaltó lo cubano no sólo en la música popular, sino en la de concierto, que también fue en busca de lo tradicional y lo moderno.

La música de concierto
Tradición y modernidad

Desde su fundación la directiva del *Lyceum* y la vocalía de música, fieles a sus estatutos, brindaron a las socias, a los intelectuales y al público en general todo tipo de música siempre que tuviera como premisa la calidad y la autenticidad de sus interpretaciones. La música de concierto estuvo también representada a través de ejecuciones al piano u otros instrumentos musicales, así como por agrupaciones de diferentes formatos: cuartetos, orquestas de cámaras, corales, sinfónicas u otras.

Ante todo, se proponían como objetivo fundamental de la institución, la formación integral de la personalidad femenina, su educación musical, su derecho a elegir, desechar, evaluar y cultivar lo clásico y lo más contemporáneo de la música de concierto ya fuese extranjera o cubana.

El gran aporte musical hecho por Amadeo Roldán y Alejandro García Caturla en cuanto a aspirar que sus obras pudieran tener ese aire de universalidad que tenían las de los países de mayor tradición musical, y el hecho de haber utilizado elementos de raíces afrocubanas en una especie de síntesis, fue mal vista e incluso rechazada por la mayoría de los músicos academicistas; sus trabajos fueron representados escasamente por La Filarmónica o La Sinfónica, pero la visita a Cuba del músico catalán José

Ardévol —quien conocía ya la obra de Caturla— y su inmediata decisión de radicarse en la Isla, lo convirtió en el impulsor y propagador número uno de las piezas de ambos artistas, así como de la música de concierto más contemporánea.

En 1929 como consta en el resumen anual hecho por Berta Arocena, el compositor español Joaquín Turina se presentaba en los salones de la institución; él era uno de los músicos que había combinado los ritmos andaluces con la orquestación impresionista entrando así a formar parte del listado de los más contemporáneos y novedosos de su momento; también se ofrecieron varios conciertos de canciones modernas acompañadas al piano por Pablo Miquel, pero lo más importante radica en que ya desde los primeros años se dictaron conferencias o charlas ilustradas al piano sobre *El mensaje en la música.*

Es en esta sociedad femenina, sin ningún tipo de prejuicios y que abría sus puertas a lo más novedoso, que el 7 de abril de 1932 Ardévol ofrece su primer concierto desde su llegada a Cuba, en el cual el autor tiene para los oyentes unas frases explicativas referidas a sus obras[55]; como era de esperar en el concierto estaban presentes «los

---

[55] Ardévol ofrece esta explicación ya que algunas de sus obras eran muy trabajadas y complejas, de una marcada modernidad y experimentación, pero él prefiere que el público fije su atención en otras dos piezas menos experimentales y que tienen un estilo más personal; norma que tendrá en cuenta para su futura obra musical y en su carrera como docente.

más destacados hombres de Cuba dedicados a la creación artística.»[56]

La mayoría de los conciertos que se ofrecían en el *Lyceum* estaban organizados en tres tiempos y casi siempre los dos primeros estaban dedicados a los autores más representativos de la música clásica: Mozart, Beethoven, Chopin, Haydn, Liszt, Bach, Schubert, entre otros tantos; y el tercero, a los más contemporáneos o a los iniciadores de la modernidad; de esta forma respondían a sus deseos de mostrar todas las corrientes estéticas y lograr que esta rama del arte fuera, lo más variada posible, en la formación integral de la mujer. Por supuesto el *Lyceum* también brindó sus salones a las inquietudes renovadoras de Roldán, Caturla y toda una pléyade de músicos jóvenes posteriores a ellos, pues la sensibilidad de estas damas siempre estuvo inclinada a dar a conocer a las nuevas generaciones; pero no sólo se preocuparon por los jóvenes talentos de la Isla, sino que mostraron un marcado interés por el desarrollo espiritual del niño y esta preocupación no fue sólo de la vocalía de música. Con este fin organizaron concursos y conciertos con y para niños de diferentes centros docentes de la capital. Ya para 1932 la sociedad tenía formada su propia coral, integrada por 19 mujeres y dirigida por el maestro y director de orquesta italiano Arturo Bovi Puccetti, ésta tuvo una actividad destacada dentro y fuera de la institución, pero al parecer no se mantuvo por muchos años y a finales de

---

[56] Ardévol, José. *Música y revolución*. Cuba: UNEAC, 1966 (p 15.)

la década de los cuarenta la directiva le pide a Gisela Hernández, que era en ese momento la directora de La Coral de La Habana, rehacer la Coral del *Lyceum*; ella contó con el apoyo de Cuca Rivero (su auxiliar) quien a su vez formaría parte de este proyecto que ya en 1949 ofrecía su primera audición. Según entrevista a Onelia Cabrera, ella también dirigió una coral durante la década del 50.

Para 1933 la directiva del *Lyceum* decide redoblar sus esfuerzos en el orden didáctico que ya para febrero del mismo año habían dado sus frutos cuando un grupo de jovencitas presentaban sus resultados —en un concierto— derivado de las clases de guitarra a cargo del profesor Ezequiel Cuevas Mederos, y que después estuvieron a cargo de Clara Romero de Nicola, la fundadora de la Escuela Nueva de Guitarra en Cuba. Además, se presentaron las alumnas de la clase de canto y la Coral *Lyceum*; sin duda alguna todas estas acciones fueron muestra del interés por desarrollar las habilidades y cualidades de sus socias; hay que tener en cuenta que en contadas ocasiones estos cursos o clases fueron ofrecidos para todas las mujeres que quisieran participar fueran o no miembros.

José Ardévol ofreció un curso, por un mes, sobre cultura musical desde sus orígenes hasta la música contemporánea; se impartieron conferencias sobre temas musicales o compositores destacados, cursos y charlas sobre Técnica Pianística, Interpretación, Cultura Musical y Apreciación Musical, estas dos últimas dirigidas por

Amadeo Roldán. César Pérez Sentenat ofreció cursos para niños entre cinco u ocho años y se presentaron los resultados del mismo en una audición el 10 de julio de 1940.

También siguieron trabajando arduamente en el plano didáctico y organizaron audiciones comentadas gracias a las presentaciones, en los salones del *Lyceum*, de El Instituto Nacional de Música de Radiocentro, La Sociedad de Conciertos y el Coro del Instituto del Vedado. De lo contrario, los comentarios se hacían con discos según las necesidades. En otras de las actividades se disertó sobre Debussy, la música contemporánea y Arthur Honegger[57]; sobre Romeu, el arte lírico; se impartieron cuatro conferencias sobre «La Vida Musical de Chile», por Argeliers León; todas ellas fueron ejemplificadas con grabaciones.

En 1934 J. Ardévol había fundado la orquesta de Cámara de La Habana y tenía como objetivo fundamental dar a conocer la música de todas las épocas escritas para este formato instrumental, pero en especial la más contemporánea ya fuese internacional o de compositores cubanos. Sus primeras representaciones en el Teatro Campoamor o en el Teatro Principal de la Comedia no fueron bien recibidas y el público —habituado a la música clásica— repudió las ejecuciones de las piezas de Roldán y Caturla; finalmente en 1936 el *Lyceum* le abre sus puertas

---

[57] Este autor desarrolló un estilo personal caracterizado por disonancias, ritmos marcados y un complejo contrapunto.

y La Orquesta de Cámara se radicó al amparo de las mujeres hasta su obligada disolución en 1952. En 1936 se ofreció el primer concierto en los salones de la sociedad de las lyceístas siempre fiel a las ideas renovadoras de su director. En sólo los tres primeros años de la Orquesta de Cámara se ejecutaron «más de ciento diez obras, dos terceras partes de las cuales se han ofrecido en primera audición en Cuba».[58] Con la presencia de Ardévol y de su orquesta, la sociedad femenina aumentó su prestigio y su confianza en el marco intelectual, musical y cultural del país.

La reputación que había ganado el *Lyceum* durante varios años y gracias al nuevo, moderno y práctico edificio, trajo consigo que varias instituciones culturales dedicadas a la música colaboraran con gran asiduidad.[59] Todos estos centros y grupos fueron allí a dar sus audiciones, mostrar

[58] Ardévol, José. Op. Cit. 18

[59] La Sociedad de Cuartetos de La Habana y la primera audición pública de La Cantoría del Centro Tecnológico Superior dirigido por María Muñoz de Quevedo, se presentaron El Quinteto de Cuerdas y La Sociedad Guitarrística de La Habana. A partir de la década del cincuenta se sumarán a las actividades de las salas del *Lyceum* algunas instituciones o grupos que habían tenido muy escasa participación o ninguna en las décadas anteriores es el caso de El Instituto Nacional de Música de Radio Centro el cual ofreció conciertos casi todo el año, de la misma forma se mantuvo La Sociedad de Música de Cámara quien también ofreció dos audiciones de Música Cubana; La Sociedad de Conciertos, la Sección Lírica del Instituto Nacional de Música, La Orquesta Filarmónica, La Sociedad Amigos de la Música, el grupo de artistas Habanatlanta, entre otros.

las nuevas obras, las evaluaciones de los graduados de los cursos de música que impartían, los concursos etc.

Algo similar ocurrió con una gran cantidad de profesionales, algunos de ellos dedicados al estudio de diferentes fenómenos musicales y otros a la composición y la ejecución.[60] Así el *Lyceum* se caracterizó por la colaboración y el trabajo en conjunto con profesionales e instituciones en aras de la difusión musical y artística en sentido general.

En 1953 el *Lyceum* prestó sus salones a la novel Sociedad Nuestro Tiempo, para que realizara sus conciertos pues, según entrevista a María Luisa Rodríguez Columbié: «esta institución tenía un local muy pequeño y no reunía las condiciones para hacer grandes actividades y con vasto público, además muchos de sus miembros eran fieles y viejos amigos»[61]; ésta fue una de las tantas colaboraciones

---

[60] Entre las personas que colaboraron estuvieron: María Muñoz de Quevedo, Margarita Montero de Inclán, Clara Romero de Nicola. Una personalidad de la música, como Aaron Copland, amigo de Ardévol, compositor, pedagogo, conferencista, crítico musical norteamericano, defensor de los patrones estilísticos y composicionales de vanguardia; participa en 1941 con la Orquesta de Cámara de La Habana y ofrece una conferencia en el *Lyceum* sobre La Música Contemporánea en los Estados Unidos; para este mismo año visitaron sus salones la soprano austriaca Greta Menzel y el pianista checo Eric Landerer. Compositores cubanos y latinoamericanos contemporáneos fueron también interpretados por estos años: Ginastera, Ardévol, Gramatges, Aurelio de la Vega, Villalobos, Joaquín Nin, el estadounidense George Gershwin, el venezolano Pedro Elías Gutiérrez, el mexicano Manuel María Ponce, y el argentino Carlos López Buchardo.
[61] Vid. nota 49

que la sociedad femenina tuvo con dicha institución reconocida oficialmente como comunista.

El *Berkshire Music Center* ofrece a Ardévol dos cursos para que sean entregados al Conservatorio Municipal: uno de Composición con Aaron Copland y otro de Dirección de Orquesta con Sergei Aleksándrovich Koussevitzky. Las audiciones para seleccionar a los ganadores se efectuaron en el *Lyceum* y se presentaron los estudiantes Juan Antonio Cámara, Serafín Pro, Virginia Fleites y Harold Gramatges quien resultó premiado. Ardévol, que era miembro del jurado, recomienda que con estos trabajos se realice un concierto que tuvo lugar el 20 de julio de 1942 en los salones de *Lyceum*, y en el cual participaron dos estudiantes más: Gisela Hernández y Edgardo Martín; ésta sería un velada novedosa para muchos y de la que nació la idea de formar el Grupo de Renovación Musical que, a principios de 1943, ofrece un concierto inaugural donde dejan oficializada su constitución y en el cual se estrenaron obras de Julián Orbón, Serafín Pro, Gisela Hernández, Hilario González, Edgardo Martín, Harold Gramatges, Virginia Fleites y Ester Rodríguez. El grupo, fiel a las tradiciones musicales de Caturla y Roldán, hizo sus aportes y adoptó una actitud también posterior a la de este binomio. Su estudio del oficio, de la técnica; su disciplina contrapuntística; la incorporación de elementos formales de los que hasta ahora había prescindido nuestra música, les acreditan como los iniciadores de una etapa de nuestra historia musical. Todo esto le garantizó al Grupo de

Renovación Musical, que pudiera organizar en el *Lyceum*, conciertos de piano de compositores universales contemporáneos, poniéndose Cuba en correspondencia con los países más avanzados de América; también las lyceístas se propusieron con mayor ahínco, en 1943, divulgar los valores culturales, patrimoniales y estrechar los vínculos entre la isla y el resto de los países del continente propendiendo a un panamericanismo fecundo.[62]

Estar ajenas a los acontecimientos históricos nunca fue premisa de ninguna de las directivas de esta sociedad. La vocalía de música organizó conjuntamente con Guy Pérez de Cisneros, Alejo Carpentier y el Grupo de Renovación Musical un Concierto de Música Francesa que se realizó el 14 de julio de 1944. Ya hacía ocho días que los aliados habían desembarcado en Normandía y mientras los franceses luchaban por su liberación, el *Lyceum* daba a través de este concierto de 18 piezas musicales, muestras del más cordial apoyo.

Durante los años 1930 y 1940 se representaron obras de Debussy, Ravel, Turina, Albéniz, Falla, Béla Bartók, Francis Poulenc, Malipiero, Granados, Rachmaninoff, Stravinsky, Strauss, Villa Lobos, el argentino Alberto

---

[62] Alejo Carpentier hizo comentarios sobre la canción folklórica en el recital «Canciones Panamericanas» donde hubo una muestra de la cancionística argentina, brasileña, peruana, panameña, chilena, colombiana, mexicana, estadounidense, dominicana, venezolana y cubana; ya para el siguiente año se celebraba otro concierto de este tipo.

Williams, el mexicano Silvestre Revueltas entre otros. Algunos de ellos tenían gran influencia o eran representantes del impresionismo, pero con un marcado carácter nacionalista, otros como Bartók, Poulenc, Rachmaninoff, Stravinsky, entre otros, irían más lejos en cuanto a la búsqueda de estilos más personales y de una técnica y un rigor de marcado universalismo, entre los cubanos más interpretados estaban Harold Gramatges, José Ardévol y Joaquín Nin. Vale destacar no sólo la importancia de estas interpretaciones en cuanto a corrientes renovadoras, sino también que las palabras preliminares leídas en cada uno de los conciertos eran verdaderas conferencias explicativas, y otras veces (es el caso de José Ardévol) verdadera tribuna para denunciar los males y las dobleces de algunas instituciones estatales.

La directiva que fungía para 1950 organizó una exhibición de películas musicales, ¡porque si hubo algo que caracterizó a las lyceístas, fue su interés por todas las manifestaciones del arte!, y en este grupo incluyeron al cine del cual hicieron una verdadera práctica cultural.

También se estimuló y reconoció el trabajo de muchos intelectuales e instituciones y con este fin se organizaron veladas y fiestas en homenaje al trabajo de muchos años o se sumaron al regocijo por algún premio o triunfo en el extranjero.[63]

---

[63] Fue el caso de La Banda Municipal de La Habana y su director Gonzalo Roig quienes festejaban su cincuentenario. El *Lyceum* por su parte proyectó

Los conciertos de canciones latinoamericanas fueron numerosos, en especial de Argentina, pero la celebración del Día de las Américas en abril de1953 destacó en este sentido ya que se ofreció un recital llamado Estampas Panamericanas.[64]

En 1960, el *Lyceum* dedica un ciclo a los países de América; según palabras de María Luisa Rodríguez Columbié se había planeado comenzar en el mes de enero con los Estados Unidos[65], febrero Canadá y los otros meses dedicados a los pueblos de Latinoamérica. Para esta celebración la vocalía de música organizó recitales de obras contemporáneas canadienses, y del resto de los países. Durante los restantes años de la década del 60 la vocalía de música siguió llevando a cabo las mismas actividades que habían desarrollado desde su fundación: conciertos de piano, guitarra, bajo, canto lírico, de la Sociedad de Música de Cámara, de música religiosa, folklórica, afrocubana; audiciones de melodías universales de Europa, Medio Oriente; los asiduos cursos de verano

la película *Cuba mi patria* del Dr. Cepero con fondo musical hecho por esta institución.

[64] Se ofrecieron canciones y música del continente estando representadas Cuba, Estados Unidos, Brasil, Venezuela, México, Perú Chile y Argentina esta gran fiesta contó con el apoyo de un conjunto de baile y canto formado por las alumnas de la Academia de Ballet Alicia Alonso, las alumnas del Ballet del *Lyceum* y el conjunto vocal del Estudio de Lydia de Rivera; también se ofrecieron otras veladas en el mes de agosto dedicadas a varios países americanos.

[65] En todos los documentos relacionados con este tema, aparece Canadá como país que inaugura el Ciclo Americano.

para socias y niños, el concurso de interpretación al piano de música cubana, la Coral Juvenil y siguen exhibiéndose documentales de temas musicales. Los fines del Gobierno revolucionario en cuanto a política cultural estarían de muchas formas en conflicto con los lineamientos del *Lyceum* y con la vocalía de música, sin embargo, ésta siguió trabajando en pos de la superación de la mujer a través de clases, conferencias y exposiciones hasta 1968.

CONCIERTO
de Cánticos de Navidad

Coro del Lyceum con la cooperación de un grupo de profesores de la Orquesta Filarmónica.

PROGRAMA

Ecos de las Montañas de Belén.
Un lirio ha brotado ....
La Cuna .... } *Villancicos Populares*
Ande la danza, Pastoras ....
Sueño de Jesús ....

Marcha de la Suite El Arbol de Navidad... *V. Rebikoff*
Orquesta

Navidad (El Niño Dios) .... *E. Sánchez de Fuentes*
Coro acompañado por la Orquesta.
Solista Sra. Amparo F. de Gyori.

Wiegenlied... .... *Tchaikovski*
Berceuse .... *Chaminade*
Sra. Dolores Guiral.

Navidad (Intermedio) .... *E. Sánchez de Fuentes*
Coro acompañado por la Orquesta.
Solista Sra. Amparo F. de Gyori.

Martes, 20 de diciembre
de 1932.

CORO DEL LYCEUM

Director. Maestro Arturo Bovi.

Sras. Estela Díaz Cruz, Dulce Briön de Rosabó, Lillian Mederos de Baralt, Ofelia L. de Gunsh. Srtas. Dolores Guiral, Blanca Menéndez, Esperanza Alemañi, Carmen Agra, Josefina Cotera, Adelaida Molinero, Clotilde Ortiz, Graciella Alfonso, Mercy Muñiz, Carmen Fernández, Meche Arregui, Marcela Montenegro, Rebeca Gutiérrez, María Elena Vilalta. *Silvia de Quesada*

ORQUESTA

Violines: Amadeo Roldán, Jesús González.
Violoncello: Alberto Roldán.
Contrabajo: Poligeno Hervé.
Flauta: Manuel Duchesne.
Clarinete: Enrique Pardo.

MYRM

CONCIERTO

Ernesto Lecuona, Pianista

con el concurso de

Esther Borja, Soprano

PROGRAMA

PRIMERA PARTE

(a) Córdoba . . . .
(b) Alhambra . . . . } LECUONA
(c) Guadalquivir . . . .
(d) Malagueña . . . .

Piano, ERNESTO LECUONA

SEGUNDA PARTE

"SEIS CANCIONES A MARTI". LECUONA
(Primera audición)

(a) Un ramo de flores.
(b) La que se murió de amor.
(c) Una rosa blanca. } Versos de JOSE MARTI
(d) Mi canto.
(e) Tu cabellera.
(f) Si que estuviste llorando.

Soprano, ESTHER BORJA.
Al piano, el Autor.

TERCERA PARTE

DANZAS A LA ANTIGUA.
(a) Al fin te vi . . . .
(b) Amorosa . . . .

DANZAS RITMICAS.
(a) Ni tú, ni yo . . . .
(b) La 33 . . . .
(c) El mirifiaque. (1ª audición) . . . . . } LECUONA

DANZA DE ESTILO.
Mis tristezas . . . .

DANZAS AFRO-CUBANAS.
(a) Danza negra . . . .
(b) La conga de media noche . . . .
(c) Danza de los Ñáñigos . . . .

Piano, ERNESTO LECUONA.

Martes 26 de Febrero
de 1935, a las 6 p. m.

MYRM

RECITAL DE CANCIONES CUBANAS

DE

SINDO GARAY

PROGRAMA

SI YO FUERA TUYO. . . . . Canción
TORMENTO FIERO. . . . . Bolero
RENDIDO YA. . . . . Bolero

SINDO Y GUARIONE GARAY

ME DUELE EL ALMA. . . . . . Canción
M. AYALA

LUPI-ZAMBA. . . . . Afro-cubano
AMOR ETERNO . . . . Canción
RETORNA, VIDA MIA. . . . . . Bolero
GUAJIRA CLASICA. . . . . Cucalambé

SINDO Y GUARIONE GARAY

La Habana.
Miércoles 29 de Octubre de 1937,
a las 6 p. m.

RECITAL DE PIANO

PAUL ARON

Profesor del Conservatorio Estatal
de Dresden

PROGRAMA

I

FRANZ SCHUBERT . . . . *Dos Impromptus, op. 90.*
No. 4 op. 142 No. 4.

II

CLAUDE DEBUSSY . . . . . . a) *Masques.*
b) *L'Île Joyeuse.*

III

DANZAS POPULARES . . . . . . (Compuestas por autores
contemporáneos).
a) BELA BARTOK . . . . . *Danza Rumana.*
b) DARIUS MILHAUD. . . . *Saudades do Brazil.*
1) *Tijuca.*
2) *Sumare.*
c) BOHUSLAV MARTINU. . *Danzas Tchecoeslovacas.*
Borová No. 1.
Borová No. 2.
d) MANUEL DE FALLA. . . *Danza del Fuego.*

IV

FRANZ LISZT . . . . a) Leyenda de San Fran-
cisco de Asís.
*La Predicación a los
Aves.*
b) *Rapsodia Húngara
No. 11.*

Piano BLÜTHNER de "La Internacional" - Prado 256.

La Habana.
Viernes 21 de Abril de 1939,
A las 5.30 p. m.

LYCEUM Y LAWN TENNIS CLUB

•

El Dueto en la historia de la Opera

Greta Menzel
Soprano

Jorge E. de Cubas
Tenor

Paul Csonka y Frederic Kramer
A dos pianos

Notas Explicativas por
Evangelina Hernández de Rivero

La Habana.
Sábado 20 de Marzo de 1943.   Hora: 6 p. m.

Lyceum

La Profesora Mariana de Gonich
PRESENTA:

Mirella Delgado
SOPRANO

Mario Travieso
TENOR

I

"Toltetemi la vita ancor" arietta	A. SCARLATTI (1659-1725)
"Se tu m'ami" arietta	G. PERGOLESI (1710-1736)
El majo discreto	E. GRANADOS
Mirella Delgado	
Nel cor piu non mi sento	PAISELLO (1741-1816)
Penas	WAGNER
Es muss ein Wunderbares sein	LISZT
Mario Travieso	
Aria de Musetta de la ópera	
La Bohème	G. PUCCINI
Mirella Delgado	
Adiós a la vida aria de la ópera	
Tosca	G. PUCCINI
Mario Travieso	
Dúo La mazurca de la zarzuela	
Luisa Fernanda	F. MORENO TORROBA
Mirella Delgado y Mario Travieso	

II

Funeral	E. LECUONA
Mujer	E. LECUONA
Coro ingrato	CARDILLO
Mamma mia, che vo sapé	NUTILE
Mario Travieso	
Ni tu ni yo	E. SANCHEZ DE FUENTES
Ripentirsi Divino	PEDRO GUIDA
Madrigal of May	NITKE
Soledad	R. PRATS
Mirella Delgado	
Tus Ojos Amites (duo)	E. LECUONA
Mirella Delgado y Mario Travieso	

Al piano la Profesora Mariana de Gonich

Miércoles 22 de Febrero de 1967
Hora: 6:00 p.m.

Lyceum

Concierto de Canciones Cubanas

Daniel Marcos
BARITONO

Luis Borbolla
PIANISTA ACOMPAÑANTE

I

Tu alma	EDUARDO SANCHEZ DE FUENTES
Juventud	" " "
Tus plácidos encantos	" " "
Corazón	" " "
Las perlas de tu boca	ELISEO GRENET
¿Y tú qué has hecho?	EUSEBIO DELFIN
Una rosa de Francia	RODRIGO PRATS
Miedo al desengaño	RODRIGO PRATS
Llora aún al recordarte	GONZALO ROIG

II

Guarda esta flor	Antigua Canción Cubana
En el sendero de mi vida	OSCAR HERNANDEZ
Bajo la lluvia	NENA COLL
Mi guitarra guajira	OLGA DE BLANCK
Devuélveme el corazón	ERNESTO LECUONA
Por eso te quiero	" "
Te he visto pasar	" "
Sé que estuviste llorando	" "
Un bolero en la noche	JORGE ANCKERMANN

Sábado 16 de Septiembre de 1967
Hora: 6 P.M.

86

LYCEUM
LAWN TENNIS CLUB

Concierto de Navidad

1948

VOCALÍA DE EXPOSICIONES: DIRECTIVAS

María Josefa Vidaurreta	**1929-1931**	María Teresa Moré
Ana María Ayala	**1931-1933**	
Carmen Castellanos	**1933-1935** Renée Mesa	María O'Reilly
Else Erythropel	**1935-1937** Gloria Cervera	Lilliam Mederos Mary Caballero de Ichaso
Carmen Castellanos	**1937-1939** Carmencita Herrera	Delia Echevarría de Rivero
Nena Castellanos	**1939-1941**	Esperanza Sánchez de Acosta
Carmen Rovira	**1943-1945**	Rosario de Cárdenas de P. de la Riva
Carmen Castellanos	**1945-1947**	Ena Senior
Martha de Castro	**1947-1949**	Zoila Mulet de Fernández Concheso
Martha de Castro	**1949-1951** Josefina Alonso	Rosario de Cárdenas de P. de la Riva
Celia Estrada de Utrera	**1951-1953**	Carmen G. Menocal de Dellundé
Celia Estrada de Utrera	**1953-1955**	Gladys Lauderman

5

Sección de exposiciones

Las fundadoras y la directiva de 1929, conscientes de que a través de la cultura se salvaría la nación (criterio manejado por muchos intelectuales) crearon entre otras, una sección a la que llamaron Exposiciones pues no sólo se exhibieron obras de las artes plásticas, sino también de las artes decorativas e incluso muestras de colecciones particulares que no entraban en el marco de las artes mencionadas. [66]

Ellas, con su moderna visión de cultura, supieron darle desde 1929, el verdadero valor y función a las artes plásticas y estar en contra de las estrechas concepciones que la convertían en simple ornamento. De esta forma abrió su galería al alcance de todos y logró a través de los

---

[66] Colecciones de cactus, flores, aves y caracoles cubanos y otros

89

años y por múltiples vías que la mujer cubana (socia o no) y otros visitantes se convirtieran en receptores activos. Por tanto, con la formación de esta vocalía, se sumaban a un proyecto de renovación cultural que venían desarrollando instituciones dedicadas exclusivamente a las Artes Plásticas.

El *Lyceum* se inauguró con una exposición de arte moderno en la que estaban representados pintores y escultores de la talla de Juan José Sicre, Víctor Manuel, Romero Arciaga, el pintor venezolano radicado en Cuba Luis Alfredo López Méndez, Carlos Enríquez, Jaime Valls, el dibujante y fotógrafo José Manuel Acosta, Ernesto Navarro, Alberto Sabas Muguercia, y letón Adja Madlein Yunkers. La clausura estuvo a cargo de Juan Marinello.

Muchas de las primeras muestras y como regla a seguir hasta el fin de sus días, sirvieron de apoyo o complemento a algunas conferencias que por supuesto también se hicieron explicar a través de las propias exposiciones. Es el caso de la presentación en 1929 de unas Lacas Aztecas por el embajador de México quien dictó una conferencia sobre el tema; Jorge Mañach, unos días después, tuvo a cargo la clausura. Ya para esta fecha se pone de manifiesto el temprano interés de las lyceístas de resaltar las culturas prehispánicas a través de actividades didácticas que redunden en la formación de un receptor activo. Por otro lado Conrado Massaguer presentó ese mismo año por medio de una charla sobre su vida y su obra, al arquitecto decorativo Harry Tauber, cuya exhibición duró dos semanas y se caracterizó por mostrar «escenografías y figurines de ultramoderna factura».[67] Al igual que el resto de las vocalías, el objetivo era la formación integral de la mujer, y para ello mostró todo tipo de arte de valor, ya fuese clásico, moderno, popular o antiguo, y ya desde su fundación nos dan una muestra lo más variada posible. Esta vez un panorama de la Cristalería Veneciana acompañada por proyecciones cinematográficas y una conferencia a cargo de Guido Campilli.

Es evidente que el trabajo que desarrollaron estas mujeres estuvo marcado por la intensidad y la creatividad de sus proyectos; es por ello que decidieron, a iniciativa de la socia Consuelo Machado, conmemorar la muerte de Martí con el Día del Libro, proyecto que se realizó todos los años y en su primera edición festejaron con una exposición de libros raros y de lujo.

La Galería del *Lyceum* dio también oportunidades a la mujer creadora, y en estos primeros años la pintora impresionista María Josefa Lamarque presentó sus obras. También la fotografía en este primer año de vida dio muestra de lo que hacían los fotógrafos foráneos, al exhibirse las obras de Tomás Agüero y Paul Warner. Pero como la visión de cultura de esta vocalía era inminentemente amplia, las llevó a preparar una muestra de juguetes infantiles que sirvió de apoyo a la conferencia

---

[67] Vid. nota 27

«Valor psicológico del juguete», por Estela Agramonte, de esta forma se evidenció que no sólo trabajaban con los intelectuales más consagrados, sino para los niños, los jóvenes y con los artistas noveles.

Desde los primeros años se preocuparon por conformar una imagen histórica de las artes plásticas y decorativas —cubanas y extranjeras— e incluso las íntimas costumbres y tradiciones del pueblo cubano; de esta forma despertaban el amor por lo propio, y todo esto lo canalizaron a través de su sala de exposiciones, que desde 1930 a 1940 exhibió grabados antiguos cubanos, objetos y muebles coloniales (mesas de comedor decoradas), documentos y reliquias de Martí y otros patriotas; encajes, abanicos, relojes antiguos cedidos por coleccionistas, lozas y porcelanas antiguas, arte indígena en Cuba, arte cubano retrospectivo (1933 y 1937), retratos del siglo XIX pertenecientes a la colección de Conrado Massaguer, mapas, especies cubanas de mariposas y caracoles, arte culinario, estampas antiguas, cajetillas antiguas cubanas para cigarros, abanicos antiguos y dibujos de orquídeas de nuestro país y extranjeras con muestras de ejemplares vivos; exposiciones de ediciones del Quijote, objetos arqueológicos de la región oriental de Cuba, objetos de plata antigua, muebles de boule, lencería y Arte Egipcio.

Para esta vocalía era de vital importancia enseñar no sólo a sus socias, sino a todos, lo concerniente a las diferentes tendencias de las artes plásticas, pues a pesar de tener en cuenta las corrientes vanguardistas, también mostró obras de un marcado carácter academicista, de toques románticos y sobre todo impresionistas, muchas de ellas de pintores cubanos. Dentro de las artes plásticas se llevaron a cabo muestras de las diversas técnicas y manifestaciones: la cerámica, el dibujo, pinturas al óleo, arte popular, dibujos hechos por niños, aguafuertes, pasteles, objetos de barro, caricaturas, grabados, fotografías, acuarelas, trabajos en madera, carteles, creyones, manchas, tallas artísticas, expo-ventas de objetos de arte típico cubano, bocetos de escenografías, y proyectos arquitectónicos. Con todas estas actividades —gracias al *Lyceum*— pudieron mostrar al público, así como a la crítica especializada, lo que venía haciendo cada artista, su consiguiente evolución, sus temas favoritos y la corriente estética a la que se adherían, dándoles preferencia a la generación que hizo suyas las tendencias que van desde Cézanne a Picasso, como a los impresionistas, entre los que expusieron: María Josefa Lamarque, Enrique Caravia —quien era también un excelente grabador—, Esteban Valderrama, Luisa Fernández Morrell, Roberto Vázquez, Canal Ripio, Mariano Miquel, etc. Del primer grupo se organizaron exposiciones personales y colectivas con obras de Víctor Manuel, óleos y dibujos de Gattorno, óleos de Ravenet, de Carlos Enríquez, óleos, carbones y dibujos de Ponce de León, obras póstumas de Arístides Fernández, óleos de Amelia Peláez, de Felipe Orlando, dibujos de Karreño, Portocarrero. En 1932 se realiza la llamada «Exposición Única» donde participaron 49 exponentes, y donde estaban representadas la pintura y la escultura académicas, los impresionistas y la última generación de pintores y escultores.

En noviembre de 1932 llega a Cuba el famoso pintor japonés Foujita. La exhibición de sus obras en la Galería *Lyceum* estuvo precedida por la presentación del intelectual cubano Jorge Mañach.[68]

En 1933 y 1937 se organizan exposiciones de arte cubano retrospectivo con el marcado interés de mostrar toda una evolución histórica y estética de la pintura y la escultura en Cuba, mucho antes, pero quizá menos abarcadora que la exposición realizada en la Universidad de La Habana: «Trescientos años de pintura en Cuba».

Un hecho que resulta interesante y que se ha ido develando, aunque no del todo, fue la exposición de Carlos Enríquez en el *Lyceum* prevista para el primero de marzo de 1934 y los reales motivos de su cancelación[69]

---

[68] «uno de los cuadros de Foujita había sido robado (...) En un pequeño baño inmediato a los dos saloncitos de exposiciones estaban, hecho pedazos, los cartones del diafragma y de la parte posterior de la acuarela desaparecida»
Según narra Maribona, «(...) Las damas del *Lyceum* tomaron la resolución de obtener de Foujita que aceptare el importe de su obra. Foujita no quería aceptar el cheque. Ante la insistencia de las damas, aceptó con la condición de que ellas admitiesen uno de sus cuadros al clausurar la exposición. Y si la policía encontrase el cuadro robado, también se quedasen con él (...)» Armando Maribona: «Foujita y el cuadro robado», en *Diario de la Marina*, La Habana, 13 de noviembre de 1932, p. 21
[69] Sánchez, Juan. «En busca de los eslabones perdidos». *Vida de Carlos Enríquez*. La Habana. Letras Cubanas, 2005: pp 76-79

que poco tenía que ver con prejuicios de la directiva o de la vocalía de exposiciones frente a pinturas de desnudos, exhibiciones fálicas, e insinuaciones lésbicas; esto lo demuestra la actitud firme tomada por Elena Mederos y Nena Castellanos de no querer retirar la exposición, pero frente a la presión de un grupo de jóvenes socias (no lyceístas) que por curiosas quedaron escandalizadas y presentaron sus quejas, las vocales de exposiciones tuvieron que negociar la retirada de algunas pinturas que finalmente desembocó por decisión del pintor en la cancelación de la muestra.[70] Es válido aclarar que no es debido a la «atmósfera prejuiciosa y chata de cierto sector de la alta sociedad habanera de entonces» como expresa Juan Sánchez en su estudio, que se da este lamentable hecho sino, en mi opinión a los cánones morales vigentes en la época y del que no sólo se apropiaron la pequeña, mediana y alta burguesía, sino también las clases trabajadoras y humildes.

El *Lyceum* desde su fundación organizó clases y cursos para la superación de sus socias que en muchas ocasiones fueron públicas. Hubo clases de dibujo, modelado, escultura, bordado, confecciones de sombreros, tejido,

---

[70] No sólo se canceló su exposición en el *Lyceum*, sino que «al regresar a la isla en 1934 quiso exponer una muestra de sus obras en la Asociación de Reporteros de La Habana; pero la directora del centro negó el permiso que previamente había otorgado y tildó sus obras de inmorales e impropias».
http://www.somosjovenes.cu/arte/semana3/carlenrique.htm

artesanía, confecciones de vestidos, encuadernación, cocina, etc. y a todas estas alumnas se les dio la posibilidad de presentar sus trabajos en los salones de la institución, y mostraron así lo que podía lograr la mujer en cuestiones de arte; se destacó la escultora Rita Longa, quien recibió clases en el *Lyceum* de la profesora Isabel Chappotín y realizó su primera exposición personal el 4 de diciembre de 1934, así como Gilma Madera quien realizara el famoso Cristo de Casa Blanca.

Todo lo que estuviese hecho por manos de mujeres y con un valor artístico fue priorizado a través de las diferentes vocalías, así como lo concerniente a temas femeninos; por lo que muchos pintores fueron invitados a mostrar sus famosos retratos o dibujos de mujeres.

Los caricaturistas también tuvieron su oportunidad. Allí expusieron Armando Placencia, Eduardo Abela, Valentín Ullibarri, Conrado Massaguer, Carlos Mestre; pero especialmente atrajo la atención de la crítica la exposición realizada el 3 de mayo de 1937 por David y sobre la cual escribiera Guy Pérez Cisneros en la revista Verbum:

> Mucha caricatura fácil se hacía en los semanarios políticos, sin embargo, David demuestra que se puede aspirar a hacer obra definitiva y de valor. —Por eso el crítico de arte termina diciendo—. Todo esto la hace una exposición valiente y de interés. Indica un

esfuerzo y un fin, señala un músculo tendido en este cuerpo gelatinoso que es actualmente el arte cubano.[71]

En 1934 Julio Girona, con sólo 20 años, exhibió sus obras en la galería de la institución; la exposición fue todo un acontecimiento y Marinello en carta a Manuel Navarro Luna comenta: [...] Gran éxito en todos los sentidos la exposición. Hacía mucho, mucho tiempo, que en un acto de cultura no se reunía tanta gente de calidad. No faltó nadie que interesara [...].[72]

Años más tarde este artista fue galardonado con una beca para estudiar escultura en París, donde estuvo hasta 1937, año en que viajó a Nueva York. En 1939 expone nuevamente en el *Lyceum* con un grupo de obras novedosas luego de sus años de experiencias y estudios en el extranjero.

Ya para finales de la década de 1930 las exposiciones de dibujos, caricaturas, fotografías, pinturas se hicieron más abundantes y para esta fecha se exhibieron cuadros del pintor belga Leo Mechelaere, y el 13 de abril de 1939 la Comisión Interamericana de Cooperación Intelectual envía una exposición de litografías de cuadros célebres. Esta institución, conjuntamente con el Club Fotográfico de Cuba, el Patronato de Urbanismo, el Patronato de

---

[71] Pérez Cisneros, Guy. «David Caricaturista». *Las estrategias de un crítico: antología de la crítica de arte.* La Habana: Ed. Letras cubana, 2000

[72] Suárez Díaz, Ana. «Selección de correspondencia de Juan Marinello Vidaurreta 1923–1940». *Cada tiempo trae una faena.* La Habana. Ed. José Martí, 2004: p.457

Artes Plásticas, el Grupo Guamá, el Museo Nacional, *The National Gallery of Art of Washington*, fue una de las tantas instituciones que colaboró con la Vocalía de Exposiciones.

En febrero de 1942 expuso en el *Lyceum* el reconocido escultor Bernard Reder, quien presentó una estética renovadora que influyó marcadamente sobre varios escultores cubanos, quienes años después mostrarían en sus obras las influencias de este artista ruso.

La vocalía siguió brindando gran atención a la pintura de vanguardia a través de las obras de Karreño, Portocarrero, Escobar y la tercera exposición de arte cubano retrospectivo celebrada el 18 de mayo de 1942.

Sin lugar a dudas la Galería *Lyceum* había alcanzado gran fama por la calidad de sus muestras, por su diversidad y persistencia; allí fue donde se exhibieron por primera vez en Cuba y en Latinoamérica las obras de Picasso, gracias a la colaboración de Alejo Carpentier, quien tuvo también las palabras de apertura. Según nos cuentan los compiladores Luz Merino y José Antonio Baujín en el libro *A puertas abiertas: textos críticos sobre arte español:*

> La idea de esta exhibición picassiana [...] se debió a la confluencia de diferentes factores: la presencia en La Habana de Pierre Loeb, marchand del pintor malagueño y amigo de Carpentier, la admiración de este por Picasso y la existencia de la Sociedad *Lyceum*.

Las obras presentadas en ese momento eran de doble importancia para Cuba no solo porque se presentaban por primera las obras de Picasso en la Isla, sino que eran las obras más inmediatas del pintor: «conjunto de gouaches, varios óleos y algunas tablas de la serie de Dinard»

Sobre las reacciones a la obra de Picasso en los salones del *Lyceum* nos comenta Alejo Carpentier en su artículo *Picasso en La Habana*.

Durante tres semanas, los salones del *Lyceum* estuvieron repletos de público [...] en general el público reaccionó admirablemente, tratando de entender lo que hallaba difícil [...] pero no faltaron los grotescos en aquella exposición: el caballero que empezó a exclamar: «¡devuélvanme la belleza griega!» y un psiquiatra que iba todas las mañanas con su secretaria al *Lyceum* para dictarle sesudas páginas de observaciones acerca de lo que había descubierto, como otros tantos síntomas de esquizofrenia y paranoia, en la pintura saludable, robusta, humanas como pocas de Pablo Ruiz Picasso.

Como actividad colateral a esta exposición de Picasso se realizaron 4 conferencias: Alejo Carpentier, el 18 de junio; José Gómez Sicre, el 23 de junio; Juan Marinello, el 29 de junio y Jorge Mañach, el 1 de julio.

La segunda exposición de esta serie de pintores europeos, organizadas también por Gómez Sicre y con palabras de

Felipe Orlando, fueron las acuarelas de Raoul Düfy; la tercera fue de litografías de Daumier, con palabras de apertura de Luis de Soto; la cuarta con aguafuertes de Picasso y con palabras de Manuel Altolaguirre. Joan Miró y sus acuarelas y aguafuertes fueron el número cinco, y Carpentier el intelectual que tuvo las palabras de apertura; por último, se presentaron los dibujos y litografías de Toulouse Lautrec con palabras de Philippe Grousset y J. Gómez Sicre. Todas ellas se expusieron desde el 18 de junio al 3 de agosto de 1942, un hecho sin precedentes en la vida cultural cubana, y como para demostrar también la valía de nuestros pintores cubanos se inaugura seguidamente una muestra de pintores contemporáneos.

La vocalía también se interesó por celebrar centenarios, nacimientos, o simplemente homenajes a pintores o hechos relevantes. Es por ello que se celebra el 26 de agosto de 1939 el Centenario del Arte Fotográfico, y en el mes de noviembre celebran la Primera Exposición Nacional de Filatelia hecha en Cuba.

Teniendo en cuenta la importancia de exponer las obras cubanas del siglo XIX y lo que venían haciendo los mejores alumnos de la Academia de San Alejandro, se preparó una exposición con los óleos y las acuarelas de Víctor Patricio Landaluce, se dieron a conocer las pinturas y esculturas de los jóvenes de dicho centro de altos estudios y una exposición de Arte Moderno de Pintura y Escultura, con la ayuda que brindara la

Corporación Nacional del Turismo y en obsequio de la Escuela de Verano de la Universidad.

Otra de las labores que desarrolló esta vocalía fue, el apoyo al trabajo de la biblioteca pública, y para ello organizó ventas de cuadros; el resultado de la misma fue donado para tal propósito. Tampoco estuvo ajena a los acontecimientos nacionales e internacionales informando a través de las artes plásticas lo que ocurría en Cuba y en el resto del mundo; es el caso de la exposición de fotografías de la guerra facilitadas por el Buró Británico de Información.

Para esta fecha se montaron, en muestras personales, las obras de Felipe Orlando, Cundo Bermúdez y otros pintores. Hubo una gran variedad de exposiciones: trajes con modelos vivos, soperas de porcelanas, cerámica farmacéutica, telas pintadas a mano y diseños de trajes. Debido el marcado interés por América, se expusieron documentos históricos y un panorama retrospectivo de la libertad en el continente; fotografías y litografías de los frescos de Guadalajara de José Clemente Orozco, grabados mexicanos cortesía del Museo Nacional, mapas de América, pintura moderna mexicana, libros colombianos y pinturas, estas últimas, con la participación de 33 artistas de las Américas y auspiciada por la Unión Panamericana, Washington D.C. y en la que estuvieron representados 14 países y obras pertenecientes a la colección del Museo de Arte Moderno de New York[73] y otras galerías y colecciones privadas. Se preocupó también por fortalecer la memoria histórica de las artes plásticas y decorativas a través de exposiciones de coleccionistas privados o instituciones culturales. Este es el caso de las reproducciones de Iván Gundrum sobre cultura Taína Indo-antillana con la colaboración del Grupo Guamá, la exhibición de maderas cubanas, grabados europeos del siglo XIX cedidos por la *National Gallery of Art of Washington* y grabados de La Habana de ayer y de hoy.

Carlos Enríquez, Roberto Diago, Portocarrero, Rita Longa, Servando Cabrera, Felipe Orlando y Cundo Bermúdez, Karreño, Luis Martínez Pedro, Jorge Arche, Domingo Ravenet, Pogolotti, Mariano, Estupiñán y Lozano serán los exponentes del arte de vanguardia en estos años. Pero al parecer no todas las muestras tuvieron la aprobación de los críticos, pues el 24 de agosto se inauguró una presentación organizada por Víctor Manuel donde participaron Daniel Serra Badué, René Portocarrero, Amelia Peláez, Otto Zimmermann y el propio Víctor. La misma fue considerada por el crítico

---

[73] Exposición de arte que viajó por América Latina entre (1949-1950), «exhibición que trataba de establecer un nuevo canon en el arte latinoamericano, canon que negaba la obra de los muralistas y que favorecía la abstracción y el expresionismo». «José Gómez Sicre o la creación de un canon panamericano» Efraín Barradas, https://www.80grados.net/jose-gomez-sicre-o-la-creacion-de-un-canon-panamericano/

Guy Pérez Cisneros, en un artículo en la revista Grafos, como «incoherente y gris exposición»[74] y por supuesto explica los motivos.

Otros destacados pintores que no se adhirieron a las corrientes vanguardistas, pero que habían tenido un rotundo éxito en Cuba y en el extranjero por la calidad de su obra, fueron escogidos para tomar parte en los salones del *Lyceum*, entre ellos la destacada Concha Ferrant, Heriberto Maza, Margarita de Mena y María Luisa Ríos.

El *Lyceum* mantuvo actualizado, a los artistas, sobre el ámbito internacional contemporáneo a través de reproducciones de arte francés, obras maestras de la pintura en museos norteamericanos y de las ediciones de arte de París. También ofreció un homenaje póstumo a Fidelio Ponce con una representación de sus obras.

En estos diez años de la década de 1940 se destacaron dos grandes exposiciones: «La Mujer en la plástica cubana» y «Exposición de pintura, escultura, arquitectura, ilustración y artes industriales» en conmemoración de los veinte años de la fundación del *Lyceum*; pero según la crítica la primera de ellas no mostró la calidad que realmente tenían las artes plásticas hechas por mujeres cubanas, quizás debido, y según palabras de Herminia del Portal, a «la premura con que fueron seleccionadas las telas de nuestras pintoras

[74] Pérez Cisneros, Guy. «Pintores». *Las estrategias de un crítico: antología de la crítica de arte*. La Habana: Ed. Letras cubana, 2000, p. 239

más representativas»[75] y de que «muchas de ellas no enviaron lo mejor de su producción». Otra exposición de importancia fue la realizada por la Agrupación de Pintores y Escultores Cubanos.

Se continuaron mostrando con gran frecuencia: dibujos, caricaturas, exhibiciones de los diferentes cursos: corte y costura, cocina, escultura, modelado, tejidos, encajes y arreglos florales.

La primera exposición de Wifredo Lam en Cuba, después de su regreso de Europa, fue un gran acontecimiento; la misma se efectuó en el *Lyceum* el 11 de abril de 1946.

En la primera mitad del siglo XX China estuvo enfrascada en una guerra civil desde el 1927, y de 1937 a 1945 se estuvo librando la segunda Guerra chino-japonesa.

Por esta razón, en 1945, a sólo 10 años de la aclamada exposición de Arte Chino de Londres y a 72 años de la de Francia, celebrada en el Palacio de la Industria en 1873 con motivo del Primer Congreso Internacional de Orientalistas y gracias a la colección de Enrique Cernuchi; el *Lyceum* decide organizar una exposición con el doble propósito de «deleitar a los de espíritus refinados y amantes de lo bello, tanto en los círculos de la alta cultura como en las esferas populares, y de socorrer a las víctimas de la guerra en China que tan necesitadas están de toda la

---

[75] Portal, Herminia del. «Celebra Sociedad *Lyceum* en el Vigésimo Aniversario de su Fundación» *El País* (recorte de periódico)

ayuda que podamos enviarles»[76]. La exposición se realizaría a beneficio de la Unión Americana para la ayuda a China. Ya la sociedad femenina había dado muestras de solidaridad a través de conciertos, exposiciones o conferencias frente a los desastres de la Guerra Civil en España, la I y II Guerras mundiales, ante la agresión de Japón a Los Estados Unidos, al desembarco en las playas de Normandía o a la liberación de Francia por los aliados. Esta exposición también fue un ejemplo de cooperación estatal y privada en la República pues tanto Paulina Alsina de Grau viuda de Francisco Grau San Martin un senador cubano, como el presidente estuvieron involucrados en esta empresa.

Para este noble propósito se convocó, como tantas veces lo había hecho el *Lyceum*, a que cada familia cubana colaborara cediendo momentáneamente y consientes de una labor de colectividad en beneficio del arte y la comunidad, sus colecciones privadas o simplemente con alguna pieza previamente analizada por las diferentes comisiones encargadas de la recepción, selección y análisis de las piezas.

También convocó a los mejores críticos, con el previo apoyo de las revistas y los diarios de La Habana, con el fin de dar publicidad y llevar adelante el proyecto: Mr. James L. Dodds, enviado extraordinario y ministro plenipotenciario de su majestad Británica en Cuba; José

---

[76] *Álbum de recuerdo de la exposición de artes chinas, Lyceum y Lawn Tennis Club*, La Habana, 1945, Pag 3

María Chacón y Calvo, director de cultura; José Agustín Martínez, Jorge Mañach, Juan J. Remos, Fernando Ortiz, Francisco Ichaso, Luis de Soto y Sagarra, José Gómez Sicre y Guy Pérez Cisneros fueron algunos de los que colaboraron dando su parecer y valoración sobre la importancia de la exposición y el arte chino. También colaboraron Ti-Tsun Li, enviado extraordinario y ministro plenipotenciario de la República de China en Cuba, el ministro de educación Dr. Luis Pérez Espinés, el presidente de la República, la Asociación de Damas Patrióticas Chinas, y noventa y una firmas comerciales que apoyaron la causa. Un papel decisivo lo jugó el *Lyceum* y sobre la institución expresó la Sra. de Ti-Tsun Li presidenta del comité organizador:

> Con cierta propiedad, a mi juicio, he dejado para último término la expresión de mi personal reconocimiento al *Lyceum y Lawnn Tennis Club* en las personas de su distinguida presidenta y las señoras de su Directiva. Es que en esta ocasión inolvidable no puedo menos que considerarlas a ellas como "de la casa". Porque es efectivamente en sus salones donde tendremos el privilegio de admirar la exposición de arte chino, y han sido ellas —hospitalarias, acogedoras, laboriosas, inquietas por el triunfo colectivo— quienes se han hecho acreedoras a esta categoría de aparente postergamiento de mi parte, que no es sino el producto de la comunión de ansias y desvelos. Yo quiero en estas líneas rendir mi tributo a

las damas del *Lyceum*. Ellas calorizaron la idea desde mucho antes de concretarse el plan de esta exhibición.

Y ellas han laborado incansablemente por convertirla en feliz realidad[77]

Para el logro de tal empeño se creó un Comité Pro-Exhibición de Artes Chinas compuesto por una presidenta de honor, patrocinadoras, presidenta, vicepresidenta, tesoreras,

Publicidad y nueve comisiones:

Comisión de recibo, 51 personas

Comisión de clasificación de ejemplares, 3 personas

Comisión de disposición de ejemplares, 14 personas

Comisión de entrada, 13 personas

Comisión de adorno floral, 2 personas

Comisión de álbum 7 personas

Comisión de Té, 15 personas

Comisión de bebidas y refrescos, 15 personas

Comisión de señoritas, 9 personas.

También hubo un Comité de Damas Chinas, con 32 representantes y que estaba conformado por algunas de los miembros de la Asociación de Damas Patrióticas

---

[77] Ibid, p. 4

Chinas. Toda esta organización garantizaba una exposición de arte chino bien seleccionada.

Un total de 56 personas colaboraron con objetos para la exposición. Sin embargo, algunos dan fe de que la colección de Lilliam Rosa Gómez Mena cedida por su padre José Gómez Mena, constituyó de gran valía para el evento.

La exposición prevista para los días 16, 17 y 18 de marzo de 1945 abarcaría un período de treinta siglos y se expondrían objetos de bronce, porcelana, jade, marfil, alfarerías, piedras preciosas, cloisonné, terracota, laca, seda, bordados, nácar, caligrafía, pintura, oro, plata, biombos, abanicos, alfombras, muebles, etc.

Ti-Tsun Li opina sobre la exposición que «... en conjunto los objetos a exhibir tienen el mérito de abarcar variadas manifestaciones del arte nativo, e incluir distintas épocas desde la dinastía Chou (1122-221 A. C.) hasta nuestros días.»[78]

Solamente no estuvieron representadas las dos primeras dinastías: HSIA 2205- 1766 A.C. y SHANG 1766-1122 A.C.

Juntamente con la exposición se elaboró un álbum de recuerdo que recogió fragmentos de críticas, fragmentos

---

[78] Ibid, p. 5

de pensadores chinos, algunas de las obras expuestas y una guía de anunciantes.

Otras exposiciones sobre arte chino se realizaron en la isla: 1955 en el Palacio de Bellas Artes y auspiciada por la UNESCO, bajo el título Dos mil años de pintura China, otra en 1959 dedicada al sabio de origen cantonés Kao Weng y dos más en 1963 y 1965 pero sin duda alguna, la exposición de arte china organizada en los salones del *Lyceum y Lawn Tenis Club*, quizás tenga el mérito de ser una de las primeras, si no, la primera de Latinoamérica. Así lo expresó Ti-Tsun Li, enviado extraordinario y ministro plenipotenciario de la República de China en Cuba: «creo que es ésta la primera exhibición formal de arte chino jamás presentada en Latinoamérica. Si surte el efecto de una mejor comprensión de china a través de su ingenio, se habrá logrado un fin provechoso»[79]

También en el *Lyceum* se mostraron piezas de arte japonés, africano y afrocubano, la segunda de ellas era propiedad de Wifredo Lam y las afrocubanas: lucumíes, carabalíes, etc., de las colecciones del Museo Nacional y del Museo Montané de la Universidad de La Habana, todo ello bajo la coordinación de Lydia Cabrera. También se realizaron exposiciones de esculturas de Arte Negro por Poublet y objetos típicos del folklore cubano; el escultor Ernesto Navarro mostró sus últimos trabajos llenos de una marcada tendencia moderna y más internacional. El

---

[79] Ibid, p. 6

Lyceum también dio oportunidades a las escultoras Irene Hamer y Lolo Soldevilla, así como a las alumnas de talla.

Se siguen realizando muestras colectivas con la participación de Amelia, Cundo Bermúdez y el surrealista Luis Martínez Pedro, y se da a conocer, en una muestra personal, a la joven y talentosa Uver Solís. Por otra parte, el húngaro radicado en Cuba, Palko Lukas y el rumano, también radicado, Sandú Darié, exponen el 2 y el 9 de octubre de 1950, y para finales de la década se celebró una exhibición colectiva con pintores cubanos.

Otras de las grandes actividades fue la de reproducciones de pintura inglesa del siglo XVI a nuestros días, auspiciada por el British Council, la de plata manufacturada del Perú, la de los trabajos realizados en los cursos de encuadernación, diseño de modas, talla en madera, exposiciones de diseños de carnaval, de flores y la exhibición de los catálogos de las exposiciones del *Lyceum* en sus 22 años de vida. Siguen exponiendo los artistas de vanguardia: Karreño, Cundo, Servando, Gattorno, Portocarrero, Escobedo, Mariano y María Luisa Ríos.

Gracias a las presentaciones de estos artistas en el *Lyceum* y sobre todo a la labor de la vocalía de exposiciones, tanto el público como la crítica pudieron apreciar su evolución estética y sus nuevas obras.

Los alumnos de la Escuela Nocturna para Analfabetos también tuvieron la oportunidad de desarrollar sus inquietudes artísticas y exponer los resultados del curso de trabajos manuales.

Para celebrar el Bimilenario de París, la vocalía preparó una exposición de arte francés, y preocupada también por todo lo cubano, mostró en sus salones paisajes de toda Cuba: flores cubanas y acuarelas tituladas «Pájaros de Cuba», donde se exhibieron 42 piezas de especies de aves a tamaño normal, y caracoles cubanos.

También fueron invitados a exponer algunos pintores de Jamaica y se exhibieron algunas fotos cubanas en blanco y negro premiadas en Cuba y en el extranjero en colaboración con el Club Fotográfico.

El 28 de enero, en conmemoración del centenario de Martí, la vocalía se suma a la celebración de una antibienal frente a la intención deshonrosa por parte de Batista de celebrar tal acontecimiento con una exposición; la antibienal se llevó a cabo en los salones del *Lyceum* y luego en Santiago de Cuba.

Es válido destacar el siempre anhelado afán de la lyceístas de querer aunar y encausar que también se vio reflejado en la vocalía de exposiciones a través de sus muestras colectivas, otras monotemáticas e incluso ese vínculo entre conferencias y exposiciones, hombres de letras y hombres de artes, pues para poder materializar muchas de estas exposiciones tuvieron que acudir a coleccionistas privados que tenían obras de pintores cubanos, ya fuesen modernas o del siglo XIX. Quizás hubo que persuadirlos para que pudieran prestarlas; de esta forma pudieron materializarse algunas muestras de Escobedo, Jorge Arche, la de Carlos Enríquez de 1957 y otras tantas desde 1929.

Entre 1958 y 1968 se llevaron a cabo múltiples actividades siempre fieles a la tradición lyceísta; entre las más importantes estuvieron las exposiciones anuales de artistas noveles contemporáneos y los cursos sobre pintura moderna, los ismos, la exposición de pintura china de 1959, las de arte moderno (ya fuesen colectivas o personales)[80], las de flores y los cursos impartidos durante estos años por Marta de Castro y Rosario Novoa; así como el de Pintura Europea de los siglos XIX y XX por la doctora Celia Estrada de Utrera.

Es importante destacar las muestras pocos comunes entre nosotros, como fue la de febrero de 1960: Fotografía, pintura y escultura esquimal.

Siguieron además no sólo mostrando la pintura, sino la escultura, la fotografía, el grabado, los proyectos arquitectónicos, las exposiciones de libros, las expo-ventas de muñecas, los trabajos de las clases de tejido, bordado y encuadernación y otros temas que bien podían pertenecer al arte popular, al religioso o a las más refinadas tendencias.

---

[80] Eduardo Abela, Amelia Peláez, José Segura Ezquerro, Raúl Martínez y un gran grupo de pintores, escultores y ceramistas noveles

En estos años la vocalía organizó, para sus socias, visitas dirigidas para ver las muestras que se exhibían en el Palacio de Bellas Artes como una forma más de conocimiento y de vincularse con otras instituciones y valorar el trabajo que estas realizaban; también dio oportunidades para mostrar, por vez primera, en sus salones a muchos de los nuevos pintores y escultores que se venían forjando: Juan Tapia Ruano, Manuel Vidal, Eduardo Cerviño Alzugaray, Pepe Ramírez, entre otros.

Paralelamente siguió organizando muestras retrospectivas de algunas figuras de la plástica nacional.

Principales exposiciones hechas en el *Lyceum*

- Exposición de Arte Moderno/ 1929.
- Exposición Única/ 1932.
- Obras de pintor japonés Foujita/ 1932.
- Exp. Pintura Cubana Retrospectiva/ 1933.
- Exp. de Acuarelas de Artistas Americanos/ 1936.
- Exposición de Pintura Cubana Actual/ 1937.
- Exp. Pintura Cubana Retrospectiva/ 1937.
- Primera Exp. Nacional Filatelica / 1939.
- Exp. de Grabados de Artistas Norteamericanos presentadas en la Feria Mundial de Nueva York/ 1941.

- Exp. de la *British Junior Unit*/ 1941
- Exp. de Grabados en Madera, dibujos y escultura de Bernard Reder 1942.
- Exp. de obras de Picasso/ 1942.
- Exp. de acuarelas de Raoul Dufy/ 1942.
- Litografías de Daumier/ 1942.
- Aguafuertes de Picasso/ 1942
- Acuarela y Aguafuertes de Joan Miró/ 1942.
- Dibujos y Litografías de Toulouse Loutrec/ 1942.
- Oleos, Acuarelas, Tinta con Guaches, Tinta y Monotipo de Raoul Dufy/ 1942.
- Exp. de Fotografías y Litografías de los Frescos de Guadalajara, de Clemente Orozco/ 1943.
- Exp. de Dibujos Originales de Walt Disney/ 1943.
- Presencia de Seis Escultores/ 1944
- Exp. de Grabados Europeos del Siglo XIX/ 1944
- Exp. De Artes Chinas: a beneficio de la Unión Americana para ayuda a China. 1945
- Retrato Cubano Contemporáneo/ 1947
- La Mujer en la Plástica Cubana/ 1949
- Exposición de la A.P.E.C. (agrupación de Pintores y Escultores Cubanos).
- Exposición Póstuma de Fidelio Ponce de León/ 1949
- 33 Artistas de las Américas/ 1949.

- Exp. de Reproducciones de Pintura Inglesa desde el S XIX a Nuestros Días/ 1950.
- Exp. Balzac/ 1950
- Exposición Homenaje a la Memoria del Maestro Romañach/ 1951.
- Exp. de Pintores de Jamaica/ 1952.
- Plástica Cubana Contemporánea: Homenaje a José Martí, 28 de enero al 14 de febrero de 1954

CARLOS ENRIQUEZ

óleos, acuarelas, dibujos,

en el

LYCEUM

❖

Junio 17 al 28
de 5 a 6 p.m.
LA HABANA
1943

LYCEUM

Exposición de dibujos de
Armando Maribona

Palabras de apertura
por el expositor

Invitación.

Martes 20 de Junio de 1933
a las 5½ p. m.

OLEOS Y GOUACHES

ABELA

MAYO 26 - JUNIO 10
1959

LYCEUM
CALZADA Y 8 · VEDADO
HABANA

---

agustín fernández

•

expone

óleos

octubre
del 15 al 29/1957

INVITACION

LYCEUM AND LAWN TENNIS CLUB
Calzada y 8. Vedado

RAUL MARTINEZ

oleos y gouaches

Agosto 15 al 26, 1950 - 5 a 8 P.M.

VOCALÍA DE CONFERENCIAS: DIRECTIVAS

1929-1931

María Josefa
Vidaurreta

María Teresa Moré

1931-1933

Margot Baños de
Mañach

1933-1935

Mary Caballero de
Ichaso

Silvia Shelton

Renée Méndez Capote de
Solís
Delia Echevarría

1935-1937

Piedad Maza

Elena López

1937-1939

Elena López
Hernando

Piedad Maza

Nantilde León
Mercedes García Tudurí

1943-1945

Haifa Chediak

Mary Caballero de Ichaso

1945-1947

Adelina Bannatyne

Vicentina Antuña de
Carone

1947-1949

Georgina Shelton

Piedad Maza de Fernández
Veiga

1949-1951

Adelina Bannatyne

Vicentina Antuña de
Carone

1951-1953

María Josefa Escobar

Piedad Maza de Fernández
Veiga

1953-1955

Rosario Rexach de
León

María   Luisa   Rodríguez
Columbié de Bustamante

118

6

Sección de conferencias

Ya para 1920 los especialistas, investigadores y críticos cubanos habían desarrollado parte de sus obras y éstas abarcaban una gran diversidad temática: estudio de vida y obra de Martí y otros próceres, ensayismo crítico sobre literatura, historia de la literatura, historia y crítica de arte, estudios sobre pedagogía, educación y enseñanza, ensayismo económico, historia de Cuba y otras regiones, ensayismo científico, especialmente sobre medicina; filosofía y estética, y otros asuntos como: religión, etnología, feminismo, bibliotecología y otros que pudieran incluirse dentro de las Ciencias Sociales.

En 1929, fecha de inauguración del *Lyceum*, el embajador de México da una plática sobre arte precolombino. Desde fecha tan temprana se aprecia el marcado interés por la cultura americana; otros especialistas disertaron sobre el

Arte Decorativo y tiempo después se convida a un coloquio en homenaje a Juana de Ibarbourou; a los pocos días Fernando Ortiz participa como conferencista con el tema: «El cocorícamo y otros conceptos teoplasmáticos del folklore cubano». En este primer año algunas mujeres y hombres leyeron sus ponencias relativas a las féminas y al niño; también se habló sobre la cultura de los galos, gracias a la visita del Círculo de Amigos de la Cultura Francesa. Ese año terminaría, con la intervención del escritor Alfonso Hernández Catá.

Muchas fueron las ponencias sobre literatura cubana, hispanoamericana y de otras latitudes que se ofrecieron en forma de cursos desde 1929; profesores como Camila Henríquez Ureña, José Antonio Ramos y Aurelio Boza Masvidal entre otros, se encargaron de estas labores. Otros de los temas tratados fueron: la vida y labor de escritores o personalidades cubanas y extranjeras, obras literarias recientes y no tan recientes ya sea del ámbito latinoamericano como: *Doña Bárbara, La Vorágine, Don Segundo Sombra* u otras del ámbito universal.

Dentro del género literario tuvieron un lugar destacado la novela contemporánea, la literatura infantil, el teatro moderno, la poesía y dentro de ésta la poesía lírica griega, la cubana, la hispanoamericana, etc. Otros temas tratados fueron el derecho penal, la filosofía, el cine, la historia, la música, temas folklóricos, la vida y obra de algunos grandes filósofos, el arte de la danza, fenómenos sísmicos, medicina, sociología, economía doméstica y física, artes plásticas, psicoanálisis, ortodoncia, didáctica, sexualidad, eugenesia, geografía, biblioteca, el fascismo, la democracia, pedagogía, arquitectura, arqueología, antropología, piscicultura, asistencia social, congresos femeninos, ictiología, pintura cubana, escultura moderna, economía mundial y soberanías nacionales; la guerra química, modas, cirugía plástica, la guerra, la poliomielitis, la unidad nacional, arte dramático, homicultura, actualidad internacional, la paz mundial, integración americana, cristianismo, cine cubano, las Naciones Unidas y la Paz, orientación vocacional, mujeres en la colonia, entre otros más.

A partir de 1943 la vocalía decide enfatizar en la orientación y dirección de los intereses avocacionales y vocacionales de las socias y así contribuir con el encauce de asuntos de gran trascendencia y actualidad, por lo que organizaron debates sobre problemas económicos nacionales y conferencias sobre las consecuencias de la posguerra.

Se prepararon disertaciones seriadas con el propósito de profundizar más en las temáticas abordadas, y cuando se dedicaron a países de Hispanoamérica, éstas fueron acompañadas de recitales de música y poesía, exposiciones y otras actividades.

Según entrevista a Harold Gramatges:

[...] las conferencias del *Lyceum* eran abiertas al diálogo y a pesar de que los intelectuales iban a allí a informarse de lo último que acontecía, debido a la novedad de sus temas, el público que visitaba sus salones era bastante avisado, y por pertenecer a diferentes generaciones y diferentes visiones ideo estéticas, en más de una ocasión las conferencias allí expuestas fueron objeto de polémicas entre los entendidos.[81]

En esta sociedad de cultura, Virgilio Piñera se ganó por algunos el calificativo de intelectual irrespetuoso al emitir criterios novedosos y diferentes a los de la mayoría en torno a la poesía de la Avellaneda. Él había sido presentado por vez primera al público, en el *Lyceum*, en el año 1938 cuando a petición de José María Chacón y Calvo, ofreció una conferencia de la que todos quedaron deslumbrados; pero tres años más tarde dijo de la poetisa cubana: «He aquí el secreto de la Avellaneda: adornarlo todo con las galas orientales de las palabras y de las frases más escogidas y melodiosas. Hablar mucho sin decir nada o casi nada.»[82]

Por supuesto esto debió haber provocado polémicas dentro y fuera de la institución, sin embargo, fue invitado en otras ocasiones y una más que otra conferencia suya fue tildada de escandalosa. Al parecer no pocas

---

[81] Vid. nota 51
[82] En ciclo denominado: «Los poetas de ayer vistos por los poetas de hoy». www.cubaliteraria.com/autor/virgilio_pinnera/cronologia.htm.

intervenciones de otros intelectuales cayeron también en la severa crítica.

Uno de los casos fue el de Rafael Alberti quien a su llegada a La Habana se presentó en esta Casa de las Mujeres y ofreció comentarios y recitales poéticos; no pocos vieron en él, el deseo de burlarse de los cubanos debido a las abundantes anécdotas sobre sus parientes y su pasado las cuales agregó a su disertación; así como que los poemas leídos no eran los más representativos. Todo esto trajo como consecuencia un artículo donde el poeta era atacado sin miramientos, la polémica fue entre Antonio Martínez Bello y Rafael Alberti. Buesa sale en defensa del primero y Emilio Ballagas, Eugenio Florit y Rafael Suárez Solís del segundo.

También los recitales de poemas de Gastón Baquero y de Lezama Lima, según palabras de María Luisa Rodríguez Columbié, fueron objeto de fuerte discusiones pues chocaba la forma novedosa que ambos tenían de hacer poesía con las ya tradicionales.

Entre otros de los proyectos del *Lyceum* estaba el de conocer la labor de la mujer en diferentes aspectos de la vida y sobre todo de la cubana y latinoamericana. En sus salones fue recibida en el año 1930 la escritora Teresa de la Parra, quien ofreció en el Teatro Principal de la Comedia una conferencia sobre la influencia de la mujer en la independencia del continente y en la vida de Bolívar. También se informó sobre los congresos feministas en los cuales siempre estuvieron representadas las mujeres del *Lyceum*.

La directiva, por su parte, les solicitaba a diferentes especialistas de diversas instituciones que colaboraran con temas referidos a la participación de la mujer en algunas especialidades o que trataran sobre una figura femenina que hubiese resaltado a nivel nacional o internacional. Con estos fines se abordaron los temas de la influencia de la mujer en la arquitectura, la colaboración femenina en la campaña médico social, el alma femenina de la Avellaneda, la Condesa de Merlin, o la conferencia «La tragedia social de la mujer» del libro del mismo nombre de Nemilow y discutido en varias ocasiones a petición de las socias.

Era necesario que la mujer cubana estuviese bien informada y a tono con las exigencias de los nuevos tiempos, por lo que se organizaron encuentros relativos al cáncer, la higiene y cosmética del cutis, la tipología biológica y su relación con el Derecho: Derecho de Familia y Derecho Contractual. Desde el punto de vista histórico-cultural se acercaron a temas sobre la vida de grandes damas: la Condesa de Noailles, Rosa Luxemburgo, Aspasia (precursora de la mujer moderna), Safo de Lesbos, Piedad Zenea, Annie Besant, Isadora Duncan, Mme. Landowoska, Delmira Agustini, Juana de Ibarbourou, María Bashkirtseff, Sor Teresa, Santa Catalina de Siena, Susanne Lebaud (sordo muda Dra. en Letras), Alfonsina Storni, Silvina Ocampo, Sor Juana Inés de la Cruz, y para la década de 1940 se abordaron las figuras de la Malinche, Madame Pompadour, María Wodziska y su relación con Chopin, entre otras.

Era también necesario tener conocimiento y conciencia de lo que hacía la mujer cubana por su patria, ya sea en el orden político, económico, pedagógico, cultural o científico, destacándose las conferencias sobre temas médicos y su relación con la mujer o con la infancia, tratando temas como la eugenesia[83], la función de las féminas en la lucha contra la tuberculosis, la sífilis, u otras enfermedades.

Como nunca estuvieron desligadas de los acontecimientos más actuales, algunos de ellos fueron abordados desde la óptica de la posición de género y su desempeño, ya sea como enfermera en las guerras, su evolución en el orden político, sus logros en el Código de Defensa Social o como simples trabajadoras.

Para apoyar el Congreso Nacional Femenino de 1939, ofrecieron actos de propaganda donde leyeron siete conferencias sobre la mujer y los códigos, su relación con el niño, con las leyes sociales, con la asistencia social, con los problemas raciales, con la paz, la política y la cultura.

En este propio año se dio a conocer la influencia femenina en una ciencia tan nueva como la Semántica, y en 1940 se abordó el tema de la formación integral de la mujer. Por

---

[83] La Dra. Rita Shelton, destacada eugenista y tisióloga.

su parte la Vocalía de Asistencia Social que siempre estuvo muy pendiente de la situación de ellas y la delincuencia, su situación en las cárceles, su educación y reformación, propuso hablar sobre delincuencia femenina en relación con la sexualidad.

Trataron por todos los medios de dar a conocer la mayor cantidad de acontecimientos ocurridos a nivel mundial que resaltaran la labor de la mujer en algunos países como Egipto, Puerto Rico, Rusia, Chile, entre otros.

En 1942, cuando Europa vivía momentos de guerra y ante la agresión del Japón a los Estados Unidos de América y del cual Cuba era aliada, las Lyceístas propusieron una serie de conferencias para destacar el papel o la misión de las féminas en momentos de guerra, su misión en la historia, y sus deberes en el porvenir. Para estos años se resaltó también su papel en el Panamericanismo, en el Movimiento Feminista de América, en la poesía de la etapa medieval y en el Renacimiento, así como su colaboración en diferentes sectores ya sea médico, pedagógico, cultural, etc.

Entre el período de 1949-1951 se abordaron temas como el diagnóstico del embarazo, la maternidad y el grupo RH y sobre las ideas que José de la Luz y Caballero tenía sobre la mujer. Elena Mederos de González, quien había participado en la Comisión Interamericana de Mujeres, brindó información detallada sobre la misma, y tiempo más tarde se habla de la mujer y su vínculo con el panorama político nacional.

Una de las tantas preocupaciones de los intelectuales cubanos fue la situación de la población desde el punto de vista cívico y sobre estos temas y su relación con la mujer, además de otros sobre orientaciones para el matrimonio que se disertaron durante la década de 1950. Desde el punto de vista internacional se trató su status en las Naciones Unidas y meses más tarde el tema sobre la mujer y el trabajo en América.

De 1958 a 1968 las conferencias como tal se tornan menos numerosas y en los programas generales se refleja la profusión de clases de los diferentes cursos que se impartían. A pesar de ello figuras meritorias colaboraron con sus interesantes pláticas que seguían las mismas líneas temáticas establecidas por la vocalía, sin embargo, se incorporaron temas relacionados con la nueva realidad cubana después de 1959 como «La agrarización en Cuba», «El desarrollo industrial en Cuba»; así como de la nueva realidad cultural, social o política del resto del mundo llegando a tratar temas como «La Nueva Ola del Cine Francés», «La psicología aplicada al trabajo social», entre otros.

Muchas de las conferencias, en forma de ciclos, de estos años habían sido concertadas por la sección de biblioteca que en este sentido tuvo una labor estimable al concebir temáticas como «Los grandes libros de la historia de la humanidad».

Durante toda la vida del *Lyceum* las conferencias también formaron parte de los cursos o clases que allí se impartían y que podían abarcar los más disímiles temas. Esta característica indudablemente respondía a los afanes de superación integral que animaba a su directiva.

Jorge Mañach

VOCALÍA DE CLASES: DIRECTIVAS

1933-1935

Guillermina Soto
Eulogia Weiss de
Llansa

María Antonia Fuertes
Hortensia Betancourt

1935-1937

Elena Mederos

Otilia Cabrera

1937-1939

Leonor Lavedán — Hilda Morales

Josefina Barreto de Kourí

1939-1941

Lolita Esquena de
Peralta — Leonor Lavedán

Emelina Martínez Vivó

1943-1945

Elena Mederos de
González — Ma. Luisa Guerrero

Silvia Laredo de Martínez
Aparicio

1945-1947

Ma. Luisa Guerrero

Evangelina Hernández de
Rivero

1947-1949

Natilde León

Dora Paez de Medina

1949-1951

Kitty Mitchell de Hill — Elena York

Ena Mouriño

1951-1953

Kitty Mitchell de Hill

Angélica Planas

1953-1955

Angélica Planas

Yolanda Martínez de
Cowley

7

SECCIÓN DE CLASES
UNA UNIVERSIDAD EN TIEMPOS DE CRISIS

Lograr que la mujer alcanzara una cultura general integral no sólo se podía a través de una cultura pasiva, pues se aspiraba a mucho más, que se especializara de ser posible en algunos temas. Es por eso que aspiraron a la calidad y a la profundidad de los temas que se escogían a solicitud de las socias y donde también participaba la directiva. Éstos se materializaron desde 1929 a través de clases y cursos que podían durar de uno a tres meses como máximo y eran dirigidos por especialistas.

Ese primer año se impartieron clases de inglés, francés, italiano, taquigrafía y mecanografía, artes aplicadas, entre otras. En ellas, según decisión de la directiva, podían participar mujeres no asociadas a la institución. En 1931 cuando ya la Universidad de La Habana había cerrado, muchos intelectuales y profesores no encontraban un lugar donde leer sus conferencias, intercambiar ideas e impartir sus clases. Es entonces cuando el *Lyceum* les abre sus puertas y la mayoría de los profesores universitarios colaboran con el mismo rigor con que lo hacían en aquel centro de altos estudios.

Se dieron cursos de verano en los que participaron como profesores Roberto Agramonte, Aurelio Boza Masvidal y Manuel Bisbé. A las clases de idiomas, mecanografía y taquigrafía se fueron agregando otras referentes a las artes: dibujo y pintura, escultura, canto coral, guitarra, confección de fajas, corte y costura y cultura física.

Entre 1933 y 1934 abundan los temas literarios, filosóficos, de asistencia social, culturológicos, arte dramático, cocina, repostería y temas relacionados con la mujer. Rosario Novoa y Camila Henríquez Ureña fueron algunas de las profesoras que por esos años estuvieron al frente de los Cursos de Verano, de los que tampoco el deporte quedó fuera, teniendo en cuenta la importancia de éste para la vida espiritual y física del ser humano, por tal motivo se incluyeron la natación y la equitación. También impartieron clases sobre temas científicos, de apreciación de las artes literarias, plásticas y musicales. Para el período 1937-1939 se incorporaron la contabilidad comercial, el tenis, la medicina práctica sobre el niño, la natación y el salvamento; en años posteriores se agregaron (según los intereses de las socias y de la directiva en cuanto a incorporar a la mujer a tareas sociales) los cursos de asistencia social y bibliotecología.

Cursos 1958- 1959

- Inglés, por María Ana Warren.
- Francés, por Robert Rest.
- Italiano, por Guiseppe Zanasco.
- Alemán, por Fritz Nater.
- Mecanografía, por Blanca Rivero.
- Taquigrafía, por Dolores Betancourt.
- Costura, por Ada Caballero y las Auxs.: Marta Téllez y Berta Guiraud.
- Cocina elemental y cocina superior, por Carmen San Miguel y Aux.: Martha Bosque de Iturralde.
- Encajes, por Úrsula Motroni.
- Bordado, por Juana Rosa Vázquez.
- Tejidos en telares, por Sara Gutiérrez.
- Encuadernación, por Juventino Lamadrid.
- Guitarra, por Humberto Bonet.
- Pintura, por María Luisa Ríos.
- Ejercicio rítmico, por Cuca Martínez, pianista acompañante: Clara Miró.
- Ballet, por Cuca Martínez, pianista acompañante: Clara Miró.
- Yoga, por Marc Siegel

VOCALÍA DE BIBLIOTECA: DIRECTIVAS

1929-1931

Renée Méndez Capote — Dulce María Castellanos

1931-1933

Georgina Valdespino — Mireille García de Franca

1933-1935

Georgina Valdespino — Mercedes Irisarri — Teresa Ardavín — Evangelina Figueredo

1935-1937

Ana M. Ayala — Bertha Massi — Hortensia Lavedán

1937-1939

Ana M. Ayala — Ofelia Pérez Daple

1939-1941

Julia Rodríguez Tomeu — Ana M. Ayala

1943-1945

Helena Lobo de Montoro — María T. Freyre de Andrade Velázquez

1945-1947

Angélica Planas — María T. Freyre de Andrade Velázquez

1947-1949

Haifa Chediak — Emelina Díaz de Parajón,

1949-1951

Emelina Díaz de Parajón — Piedad Maza de Fernández Veiga

1951-1953

Raquel Romeu — María T. Freyre de Andrade Velázquez

1953-1955

Adelina Bannatyne — Jeannette Fernández de Criado

Raquel Robés Masses, Esther María Mencía, Audry Mancebo, Ofelia Saldevilla, Blanca Bahamonde, Berta Nassi, Acacia Álvarez, Olga Lombard, Miriam Tous, Maruja Iglesias, María Esther Mencías, Yolanda Martínez

8

SECCIÓN DE BIBLIOTECA

Desde que se inauguró la institución, la idea de una biblioteca fue uno de los proyectos que más interés y atención recibió en el orden cultural; ya en 1929 cuando se celebra por primera vez El Día del Libro, muchos de los autores allí representados, donaron el producto de la venta de sus libros a la biblioteca del *Lyceum*, confiados de que esas mujeres harían una gran labor cuando ya algunos aseguraban su pronta desaparición.

Este recinto de la lectura fue escogido desde un inicio para ofrecer en ellos conferencias, ventas de libros, charlas y conversatorios, por lo que se convirtió en uno de los salones de mayor actividad dentro de la joven institución, a tal punto que brindó sus servicios, en estrecha relación con la vocalía de Asistencia Social, a la Cárcel de Mujeres de Guanabacoa pues donó en 1931 una gran cantidad de libros y revistas para surtir la biblioteca de la prisión.

Muchos de los materiales que conformaban la biblioteca de *Lyceum* habían sido donados por sus socias, y otros se habían adquirido mediante compra o donaciones de sus propios autores en las festividades por el Día del Libro en el que tanta participación tenía la vocalía de biblioteca. Según el estudio de Dayilién Lazcano también se había surtido gracias a la rica colección de la familia de los Méndez Capote. En 1933 contaba con 2 412 volúmenes entre los que predominaban los temas literarios, artísticos y sociales. Entre 1935-1936 la cifra había ascendido a 3 236 volúmenes, pero el detonante fue el ofrecimiento de Max Henríquez Ureña (1937- 1939); él les presta su biblioteca por un período de cinco años o más, elevándose el grupo de sus ejemplares a 8 000. Pero según investigación de Lilia María Sánchez y recogida por Dayilién Lazcano, aquella afirma que en entrevista realizada a Vicentina Antuña, ésta le dice que los libros de la biblioteca de Max Henríquez Ureña fueron reintegrados años después a petición del dueño. Lamentablemente no se conoce la fecha exacta de su devolución; lo más probable es que haya sido después de 1949 porque en esa fecha, y según memoria de

1949-1951, ellas reorganizaron dicha colección. Con este aporte, pensaron en hacer realidad los sueños de convertirla en biblioteca pública, pero ni había espacio suficiente ni las mejores condiciones para un buen servicio; es por ello que para el éxito de tal empresa realizaron varias actividades con el propósito de recaudar el dinero. Una de esas acciones fue la realización en 1937 de un Festival de la Moda, dos rifas: una, de dos pasajes de excursión a México y un viaje a la Feria Internacional de Nueva York; también se hicieron gestiones con el Poder Ejecutivo del país que donó $5 000 de los cuales se habían percibido para la fecha $2 500. Otro de los proyectos fue la fusión con la sociedad femenina de carácter deportivo *Lawn Tennis Club*, que ocurriría el 22 de febrero de 1939.

Ya en 1934, Herminio Portell Vilá ofrecía una conferencia titulada «Libros y bibliotecas de Cuba». Entre los meses de junio y agosto de 1936, la Sta. María Villar Buceta impartía en el *Lyceum* el curso titulado «Iniciación biblioteconómica», en 1938 se celebra la Asamblea Pro Biblioteca y producto a ésta se crea en 1939 la Asociación Bibliotecaria Cubana que conjuntamente con el *Lyceum* funda la Escuela de Servicio de Biblioteca. En 1948 en una reunión celebrada en los salones del *Lyceum*, la Dra. María Teresa Freyre de Andrade propone la creación de la Asociación Cubana de Bibliotecarios, en honor de

Marieta Daniels, de la Biblioteca del congreso de Washington.

Durante toda la década del cuarenta continuaron con los programas de lecturas, charlas y comentarios en torno a libros y a temas de interés, lecturas de Tesis de Grado, estudios científicos, musicales etc. Muchos de éstos eran tratados, debido al interés y a petición de los propios lectores, aunque la vocalía también decidía sobre algún tópico que fuera de utilidad. Para el buen desempeño y prestigio de la biblioteca se trazaron varías acciones: la compra de libros con su propio presupuesto mensual y algunos donativos en metálico, también se ofrecieron gratuitamente una gran cantidad de libros y se realizaron varios canjes. Las adquisiciones llegaron a alcanzar para este período la cifra de 1 223 títulos, también se enriqueció su sección de revistas con publicaciones como *Clavileño, Cuadernos Americanos, Poeta, Revista de Filología Hispánica, Revista de La Habana,* entre otras tantas.

Empeñadas siempre en brindar un excelente servicio de cultura, realizaron todas estas mejoras y publicaron desde 1941 una hoja bibliográfica con reseñas de los libros de recién adquisición, también organizaron con la Asociación Bibliotecaria Cubana dos cursos teórico-prácticos de Biblioteconomía.

La biblioteca abría sus puertas en los horarios de 9 a 12 m, de martes a domingo y los lunes hasta las 6 p.m.

y después de haber resuelto todos los inconvenientes se inauguró de manera pública el 19 de mayo de 1942 a la 7:00 pm, y la apertura estuvo a cargo del Dr. José Agustín Martínez, ministro de Educación, y palabras de Elena Mederos. Con esta labor se realizó una gran hazaña cultural y social. Una vez inaugurada se propuso promover el interés de los lectores, e inició una serie de charlas y comentarios sobre temas actuales; también organizó cursillos y fomentó otras actividades encaminadas a la divulgación cultural; muchas de éstas se trasmitieron por la emisora O´Shea a cargo de María Teresa Freyre de Andrade y Raquel Robes.

Con su nueva condición de biblioteca pública siguió siendo circulante solo para las socias, y en 1945 se les prestó a las inscritas, la cantidad de 521 libros, pero no fue hasta 1946, y después de un detenido análisis, que se decidió extender este servicio al público, por lo que fue esta biblioteca, la primera en Cuba, en dar esta asistencia a personas que por una u otra razón no podían realizar las lecturas en las salas, en los horarios establecidos. Esta condición de circulante le permitió ganar un gran número de visitantes, ya que los préstamos se realizaban por un período de 15 días y podían extenderse por otros 15 días más, en los cuales al lector se le podía prestar hasta dos libros.

Durante el período 1943-1945 se reanudó el Concurso del Día del Libro con la convocatoria de uno sobre obras escritas para niños, y la biblioteca pública es invitada a concurrir a la Feria del Libro celebrada en el Parque Central. La vocalía, preocupada por la divulgación del trabajo bibliotecario en Cuba y a nivel mundial, sufragó los gastos de un número de la revista de la propia institución que por supuesto fue dedicada a este tema. Este hecho dio lugar a una Mesa Redonda con los autores de los diferentes artículos convirtiéndose según criterios de Mercedes García Tudurí, secretaria de actas de la Memoria 1951–1953: «en una de las pocas ocasiones en que en nuestro país se celebra dentro de este campo, una reunión con características netamente profesionales».

Si hubo algo que caracterizó el trabajo del *Lyceum* fue su vínculo y apoyo entre vocalías, pues estas trabajaron unas en función de otras según los proyectos que se llevaran a cabo. La biblioteca colaboró con Asistencia Social al Hospital Nuestra Señora de las Mercedes y a la Cárcel de Mujeres de Guanabacoa, Conferencias con Biblioteca, y Música con Biblioteca al constituirse en esta la Discoteca dirigida por Ofelia Veulens de Álvarez, con la cual se brindaba tanto a las socias como a la comunidad un amplio y variado programa musical gracias también a la colaboración del Comité Juvenil de la Orquesta Filarmónica de La Habana.

Para 1953 las diferentes vocalías de la institución contemplaban la idea de celebrar por todo lo alto el centenario del Apóstol, y el sagrado recinto de la lectura y los libros se sumaría organizando cinco grupos de lecturas sobre Martí: Escritos Filosóficos a cargo del Dr. Jorge Mañach, Escritos Literarios por Emilio Ballagas, Cartas por la Dra. Fina García Marruz, Escritos Políticos por el Dr. Elías Entralgo y Crítica de Arte por el Dr. Luis de Soto. También en este homenaje participó la Biblioteca Juvenil con la organización de un curso de Lecturas Martianas a cargo de Fernando Portuondo y Hortensia Pichardo.

Otra de las iniciativas que llevó a cabo esta vocalía fue la de organizar y sostener la valiosa colección de libros en idioma inglés atendida por el *English Book Club* del *Lyceum*, un grupo bastante autónomo que se dedicaba a comentar, leer, promover conferencias y otras actividades, pero con la absoluta condición de que fuese en este idioma. En los años posteriores a 1953 las actividades extensionistas de la biblioteca empezaron a decaer y sólo merece destacarse la celebración en 1954 del Día del Libro Cubano en que la biblioteca exhibió los documentos pertenecientes a Antonio Bachiller y Morales.[84]

Gracias al interés que siempre tuvieron las lyceístas por promover el amor hacia la lectura, se creó una Sección Infantil donde se leían cuentos, se hacían concursos y se premiaba con libros a los ganadores; se proyectaban películas educativas dedicadas a las escuelas públicas y

---

[84] Vid nota 45

privadas del Vedado, estas últimas con la colaboración de Dulce María Escalona.

Ya para el 24 de marzo de 1944 se crea la Biblioteca Juvenil y entre las acciones más exitosas en esta esfera se recuerda la del año 1942, de la cual se hace referencia en: *Bibliotecas del Lyceum Lawn Tennis Club: la Biblioteca Juvenil*, por Zoia Rivera y Dayilién Lazcano, y es cuando, animadas por la lectura del libro *The Library in the School* de la bibliotecaria norteamericana Lucila Fargo, las especialistas de la entonces Sección Infantil, decidieron trabajar a favor de las escuelas públicas del Vedado.

El proyecto consistía en un trabajo en conjunto: la Biblioteca Juvenil y las escuelas públicas y privadas. Para ello se tuvieron en cuenta los planes de estudio de estos centros con cuyo enfoque llevaron a cabo una serie de acciones que estas escuelas por sí solas no podían desarrollar debido a la falta de materiales. Para apoyar sus clases, el *Lyceum* ponía en mano de los maestros los medios necesarios. Éstos consistían en libros, laminarios y exhibiciones de películas. Para 1942 aumentaron los proyectos con estos centros, se realizaron charlas, lecturas de cuentos, adivinanzas — que fueron muchas veces premiadas con libros—. La gran participación en estas actividades por parte de los niños conllevó a los miembros de esta vocalía a oficializar una Biblioteca Juvenil que tuviera todos los requerimientos en concordancia con las más recientes ideas en torno a la bibliotecología. Pero como ocurría siempre en esta sociedad todos los proyectos requerían de dinero, locales u otras necesidades con lo que muchas veces no se contaba; sin embargo, no por eso dejaron de llevarse a efecto pues gracias a los donativos de numerosos agentes: compañías de seguros y la ayuda brindada por el millonario Julio Lobo, pudo llevarse a cabo y sostenerse. El objetivo primordial era despertar en los niños el amor a la lectura y el sentido de responsabilidad y para ello organizaron cursos, lecturas, comentarios y exposiciones de libros, teatro guiñol y las exposiciones de películas que casi siempre trataban temas científicos, por supuesto en un lenguaje propio para su edad; estas colaboraciones seguían viniendo de la mano de Dulce María Escalona en colaboración con la *Coordination Committee for Cuba*. A través de proyecciones sobre la vegetación de la Laguna de Ariguanabo y la conmemoración del Día del Árbol — para la cual visitaron el Jardín Botánico y realizaron la siembra de un árbol por parte de los jóvenes lectores— se propusieron estimular en los niños el amor y el cuidado a la naturaleza; el amor a los temas americanos y cubanos a través de la celebración del Día de las Américas y el Centenario de la Bandera. Otro aspecto importante fue el marcado interés de despertar en los niños el amor por la investigación, orientándoles trabajos referidos a las películas exhibidas, pues como expresan Dayilién Lazcano y

143

Zoia Rivera en *Bibliotecas del Lyceum Lawn Tennis Club: la Biblioteca Juvenil*, María Teresa Freyre, miembro de la vocalía de biblioteca, había expresado que a pesar de que era una labor de adultos, era preciso ir sentando las bases a través de la formación del hábito de estudiar, el amor a la lectura y a los libros. Igual que la biblioteca para los adultos, la Biblioteca Juvenil del *Lyceum* era de carácter circulante y prestaba servicio todos los días, de lunes a viernes, de 4:00 p.m. a 8:00 p.m., y los sábados y domingos, de 9:00 a.m. a 12:00 m y contaba con una sala de lectura y una colección de libros y un laminario que contenía más de 500 láminas clasificadas en 62 epígrafes, el cual fue creciendo hasta llegar en 1951 a 1 514. Estas láminas tenían un carácter circulante dirigido especialmente a los maestros de las escuelas de El Vedado.

En el trabajo citado anteriormente las autoras exponen que en esta biblioteca se creó desde sus inicios una Comisión de Propaganda que estaba integrada por ocho lectores que tenían la misión de atraer a sus amigos a los salones de lecturas, llegando a tener en 1953 un número de usuarios de 1 500 personas. De esta forma despertaban el sentido de la responsabilidad haciéndoles ver que de ellos también dependía el buen desempeño de la misma.

En 1951 con el propósito de elevar el nivel cultural de los lectores, se realizan unas audiciones comentadas en torno a la música de Stravinski, a cargo de las maestras

Carmen Valdés y Onelia Cabrera Lomo, quienes también imparten un Curso de Apreciación de las Formas Musicales compuesto por 6 lecciones; y en 1952 se ofrece uno de Apreciación Artística dirigido por María Luisa Ríos. También en 1951 se crea el Club de Lectura. El gran prestigio que ganó la biblioteca juvenil del *Lyceum* debido a su labor en favor de la comunidad permitió que, en el período posterior a 1959, la ex bibliotecaria de esa institución María Teresa Freyre de Andrade, que en aquellos momentos prestara sus servicios en la Biblioteca Nacional, invitara a Audry Mancebo (lyceísta y bibliotecaria) a organizar la Sección Infantil de esta institución a semejanza de la del *Lyceum*.

De acuerdo con los Programas Mensuales de 1954, hubo varias actividades dedicadas al trabajo bibliotecario. El resto de los cursos se desarrollan después de 1959, éstos eran:

- Cuatro cursillos de archivo: octubre de 1965, marzo y abril de 1966 y enero de 1967. Cada curso duraba tres meses y estaban a cargo de la profesora Generosa Blanco.
- Un curso sobre organización y uso de bibliotecas personales en junio de 1966.

Según Dayilién Lazcano:

En abril de 1967 se imparte un «Curso de uso y manejo de los libros y la biblioteca» y en junio, uno

titulado «Como organizar una biblioteca pequeña».
Estos cursos, que cerraron el fructífero trabajo del
Lyceum Lawn Tennis Club en la formación de los
bibliotecarios o en la divulgación de los
conocimientos bibliotecológicos, aparecen en los
últimos programas del *Lyceum* 1965-1966-1967-1968
antes de su clausura definitiva[85]

[85] Ibid.

LAMINARIOS DE LA BIBLIOTECA JUVENIL

Acuarela/ 6
Alpes/ 2
Anatomía/ 1
Argentina/ 1
Armas antiguas/ 2
Arquitectura/ 10
Animales/ 62
Astronomía/ 2
Aves/ 14
Barcos de velas/ 1
Ecuador/ 6
Flores/ 4
Guatemala/ 3
Haití/ 3
Honduras/ 3
Ilustraciones/ 1
Insectos/ 10
Maquinaria agrícola/ 1
México/ 4 Miniatura/1
Panamá/ 5
Bibliotecas/ 1

Brasil/ 3
Catedrales/ 17
Castillos/ 3
Cerámica/ 4
Costa Rica/ 4
Curiosidades/ 2
Chile/ 6
Decoración interior/ 15
Deportes/ 8
Escultura/ 48
Estados unidos/ 7
Francia/ 1
Guerra Mundial
(1914-1918) / 1
Higiene/ 1
Iglesias/ 1
Industrias/7
Instrumentos ópticos/17
Medios de locomoción/ 1
Minerales/ 3

Monumentos/ 4
Paraguay/ 3
Peces/ 6
Polillas/ 2
Perú/ 6
Portugal/ 1
Pintura/ 109
Química/ 4

República Dominicana/ 5
Retratos/ 13
Salvador/ 3
Trabajo manual/ 5
Trajes/ 16
Uruguay/ 4
Venezuela/ 5
Volcanes/ 1

Laminarios sobre Cuba

Arquitectura/ 1

Castillos/ 1

Escultura/ 1

Historia/ 4

Oriente/ 1

Pintura/ 1

Reliquias históricas/ 4

Retratos/ 9

Trinidad/ 1

Teresa Freyre

Audry Mancebo

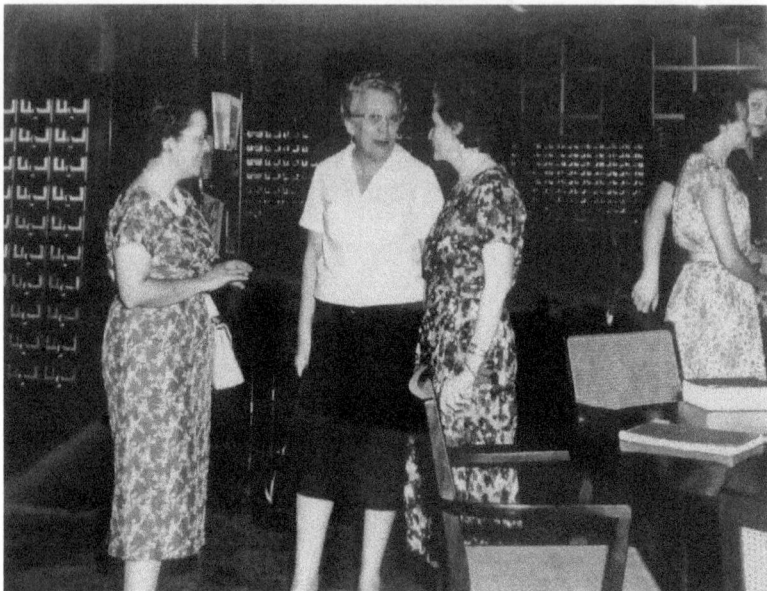

Dulce María Escalona y Teresa Freyre

Teresa Freyre y grupo de estudiantes de la Escuela de Biblioteconomía

Biblioteca del Lyceum

Curso en la Biblioteca del Lyceum

VOCALÍA DE ASISTENCIA SOCIAL: DIRECTIVAS

	1931-1933	
Otilia Cabrera		Evangelina Figueredo de Cubas
	1933-1935	
Hortensia Lavedán	Hortensia Lamar	Dulce M. Manzanilla
	1935-1937	
Carmen Castellanos	Silvia Shelton	Asunción Díaz Cuervo
	1937-1939	
Uldarica Mañas	Elena Mederos	Emelina Díaz de Parajón Martha Villageliú de Perkins
	1939-1941	
Ada López		Mercedes García Tudurí de Coya
	1943-1945	
Elena Mederos de González	Ada Grande Rossi	Ma. Luisa de la Torriente de Sandoval
	1945-1947	
Haifa Chediak		Elena Mederos de González
	1947-1949	
María Luisa Guerrero		Elena Mederos de González
	1949-1951	
María Pintado de Rahn		Elena Mederos de González
	1951-1953	
María Pintado de Rahn		Esther Hevia
	1953-1955	
Gertrude B. de Lomntiz		Gertrude B. de Lomntiz

9

SECCIÓN DE ASISTENCIA SOCIAL

En 1929 se crean las diferentes secciones del *Lyceum*, pero no es hasta 1930 que se organiza la vocalía de Beneficencia donde Otilia Cabrera funge como presidenta de ella. En 1931 efectuaron el primer reparto de canastillas al Hospital de Maternidad Nacional y contribuyeron con su apoyo a la labor de la Liga Contra el Cáncer. A partir de entonces Elena Mederos y Emelina Díaz iniciaron una serie de gestiones con las distintas secretarias del Estado Nacional y así lograr reformas sociales para las reclusas de La Cárcel de Mujeres de Guanabacoa, donde pudieron conseguir mejoras de vida, así como realizar un sin número de actividades culturales. Dentro de esas ayudas estuvo la designación de una maestra de *kindergarten*, para los hijos de las presas, una maestra de economía doméstica y una enfermera residente. También se reunieron con diferentes funcionarios públicos para buscar mejoras en el Campamento de Indigentes de Tiscornia, El asilo Correccional de Guanajay y la Escuela Reformatoria de Aldecoa.

En mayo de 1933 se creó la Sección de Acción Social bien diferente a la de Beneficencia ya que la institución:

> No podía conformarse […] con hacer algunas obras de caridad de tarde en tarde, sino que intentaba desde esta sección, proyectar la obra cultural y renovadora hacia las clases más vivamente necesitadas de ella, ofrecer más que el auxilio material […], el alimento espiritual y la labor en pro de reformas tendentes a mejorar su nivel de vida y el medio ambiente en general.[86]

En enero de 1934 se crea la Escuela Nocturna para adultos analfabetos y semianalfabetos; ésta pudo salir adelante gracias a los fondos de la sociedad y a diferentes actividades proyectadas con el propósito de recaudar dinero: expo-venta de vestidos, presentación de modelos vivos vestidos con ropa tejida, juegos de canasta, fiestas y las exposiciones de flores, entre otras iniciativas.

La escuela era absolutamente gratuita y en sus comienzos, su asistencia regular era de 30 a 40 personas y estaba

---

[86] Vid. nota 17

conformada por hombres y mujeres; en ella se ofreció instrucción primaria, charlas, cursos y conferencias acerca de diferentes temas como los microbios, la responsabilidad, la industria y su materia prima. También tuvieron acceso a la biblioteca circulante y a varias actividades culturales: proyecciones de películas, secciones de música, recitación entre otras; su dirección estuvo a cargo de la Dra. en Pedagogía Eloísa Macías. Elena Mederos haría las gestiones con el Ministerio de Educación para lograr una mutua colaboración entre ambas instituciones, plan que funcionó durante años, asignando a una directora general: la Dra. Zolia Funes y a varios profesores. Este ejemplo de cooperación estatal y privado funcionaba gracias a la dirección compartida del *Lyceum* y la Superintendencia General de Escuelas.

En 1937 la directiva del *Lyceum* hizo un pedido a la Cámara de Representantes que consistía en una Escuela de Asistencia Social, un Instituto de Observación y Protección a la Infancia, la supresión de la mendicidad infantil y el establecimiento de parques destinados exclusivamente a los niños, entre otros pedidos. En este período también se incorporan dos nuevos cursos a la Escuela Nocturna: inglés y costura.

Dieron singular atención a la enseñanza especial y vocacional; llegaron a impartir hasta el quinto grado y ofrecieron una preparación adecuada a los alumnos que así lo solicitaron para facilitar su ingreso, ya fuera a la Escuela de Enfermería u otro instituto.

Ya para la década de 1940 la matrícula se había elevado a 118 estudiantes de los cuales 40 resultaron baja y 78 terminaron; de estos últimos 58 fueron promovidos a grados superiores.

Los cursos se hicieron más numerosos en cuanto a temática (doce); y no sólo se encargaron de enseñarles los contenidos de la enseñanza primaria y su promoción a institutos, sino que se les facilitó la búsqueda de trabajo a quienes lo pedían.

En 1943 Elena Mederos, con toda una labor en este campo, crea la Escuela de Asistencia Social, primera de su tipo en Cuba y bajo los auspicios del Patronato de Asistencia Social[87] creado también por el *Lyceum* y de la Escuela de Educación de La Universidad de La Habana; y para el mejor y más amplio funcionamiento de la misma, la vocalía aceptó la colaboración del Ministerio de Educación que designó seis profesores (un hombre y 5 mujeres) para el mejor desenvolvimiento de dicha labor. También deciden trabajar social y culturalmente con la barriada cercana y cooperar y extender su trabajo con otras instituciones que se interesaran en el trabajo social. Se continuaron realizando actividades de índole hospitalaria en las que participaban las propias alumnas de la Escuela de Asistencia Social y numerosas voluntarias en

---

[87] Dirigido por Ada López Flamand; la primera becada cubana por la Federación de Mujeres Norteamericanas para estudiar en los Estados Unidos servicio social luego fue sucedida por el Doctor Joaquín Fermoselle Bacardí

los Hospitales Nuestra Señora de las Mercedes y Maternidad Obrera. Éstas tenían la característica que no sólo daban un apoyo con medicamentos y canastillas, sino que ofrecían algunos programas culturales, y de esta forma daban cumplimiento a sus ideas de alimentar el espíritu en las personas enfermas. Apoyaron la recaudación de fondos a los damnificados por el ciclón a quienes entregaron 5 973 piezas de ropas, $1 239 en efectivo y 258 578 cajetillas de cigarros.

En el período de 1949-1951 las lyceístas redactaron un memorando de gran interés, el cual se realizó con motivo de las últimas elecciones a la Alcaldía de La Habana y se envió a todos y cada uno de los candidatos, señalándoles los aspectos de la labor social, que según criterio de la asociación podrían desarrollarse desde tan alta magistratura municipal. Según Onelia Cabrera, mes por mes se presentaba un caso social: una miembro de la directiva planteaba un problema que conociera, casi siempre era una situación difícil, ya sea una mujer abandonada por su esposo, sin trabajo y con varios niños a los que no podía sustentar u otro tipo de situación; entonces en una reunión de toda la directiva, cada una de sus miembros decía en qué podía ayudar, una le buscaba trabajo, otra, quién estaría a cargo del cuidado de los niños u otra necesidad. Ellas conocían y tenían contactos con personas muy importantes en el Gobierno y gracias a estos vínculos se resolvieron muchos de estos casos. De esta manera les dieron atención a familias y niños, crearon un grupo de orientación de voluntarias a quienes se les impartía clases de Asistencia Social, un comité de damas que trabajaron en favor del Hospital Nuestra Señora de las Mercedes, además ellas colaboraron con otras instituciones homólogas. También contaban con una Bolsa de Trabajo con la que lograron empleos para muchos necesitados, vale destacar solamente que en 1952 se ofrecieron trabajo a 287 personas.

Nuevamente dieron muestras de su fidelidad a los estatutos de 1929 al crear un Departamento de Atención a los Niños y a Familias que tuvieran algún tipo de dificultad, tratando siempre de darles una solución radical y de no caer nunca en la mera ayuda de entrega de dinero, ropas u otros artículos.

En 1951 esta sección contaba para su labor con un ingreso de $24 571. 35 y creó otras formas de ingresos a través de concursos, expo-ventas de muñecas para las Fiestas de Reyes, convocó la llamada Campaña del Peso en la que recaudaron en 1951 $554.00 y en 1952 $1 457.00 de todo este dinero se destinaron para donativo $3 052.71, para casos sociales $2 280.40, para ropero $639.95 y para bolsa de trabajo $132.36.

Otras de las labores de la Sección de Asistencia social fueron las charlas por radio, bajo los auspicios de la R.H.C. en su programa Habla la Mujer Cubana. Además, propició entrevistas por la radio C.M.Q.

Varias actividades tributaron enteramente a recaudar fondos para la asistencia social: las famosas exposiciones de flores, éstas y la Campaña del Peso fueron divulgadas por la prensa, revistas, la radio y la televisión. También ofrecieron varias conferencias sobre asistencia social y colaboraron con otras instituciones mediante trabajos afines.

Entre 1958 y 1960 el trabajo social en el *Lyceum* siguió mostrándose como lo venía haciendo desde sus mejores años, los programas de esta fecha así lo demuestran. Los proyectos analizados anteriormente no fueron los únicos, sino que la institución también llevó a cabo otros que contribuyeron a su trascendencia.

El *Lyceum y Lawn Tennis Club* de La Habana tuvo una gran importancia y trascendencia puesto que a pesar de que atravesó por algunos momentos difíciles: épocas de turbulencias económicas, políticas y sociales por las que atravesó el país durante la década del treinta y finales de los cincuenta, y además que entre las miembros de sus directivas hubo siempre ciertas contradicciones en los temas religioso y político; pudo llevar a cabo un amplio proyecto sociocultural que rebasó los límites de su localidad, y que estuvo dirigido hacia la superación integral de la mujer, su inserción en la sociedad y la atención a la comunidad, teniendo en cuenta las más variadas manifestaciones del arte, la ciencia y la cultura; éstas se sustentaron en un ideal nacional, progresista y en una particular política cultural que le fue garantizando el éxito de sus empresas. Todo ello sin los necesarios recursos monetarios y sin un real apoyo financiero por parte del Gobierno para tareas como las que se propuso.

Clase de instrucción de la Escuela Nocturna para Adultos con que
el Lyceum y Lawn Tennis Club contribuye a disminuir el problema
del analfabetismo en nuestro país.

Escuela nocturna para alfabetización

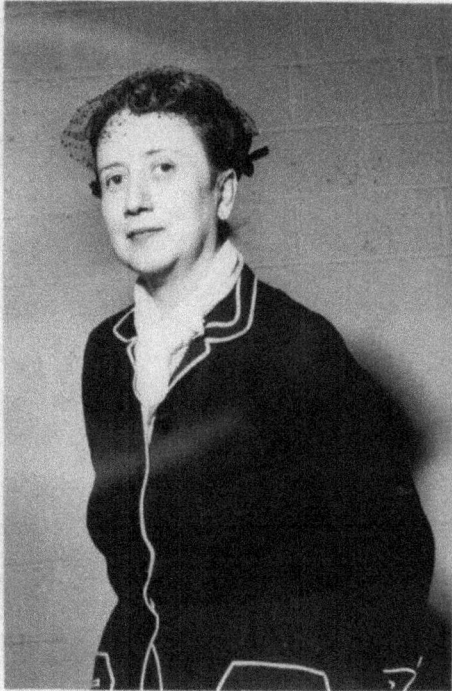

Elena Mederos

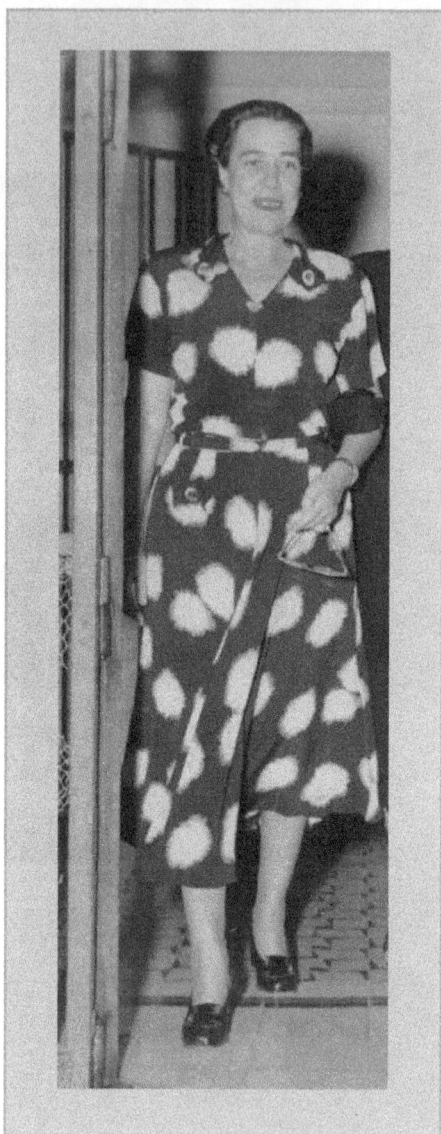

Carmelina Guanche

Escuela de Servicio Social

Iniciativa del

Patronato de Servicio Social

bajo los auspicios del

LYCEUM

y de la

Facultad de Educación de la Universidad de la Habana

❖

La Habana,
Septiembre de 1944

Revista *Lyceum.* directivas

Uldarica Mañas	Camila Henríquez Ureña
Rebeca Gutiérrez	Leonor Lavedán
Carolina Poncet	Piedad Maza de Fernández Veiga
Mary C. de Ichaso	Silvia Shelton
Elena López	Silvia López
Vicentina Antuña de Carone	Isabel F. de Amado Blanco
Adelina Bannatyne	Martha de Castro
Emelina Díaz de Parajón	Mercedes García Tudurí de Coya
Mireille García de Franca	Ena Mouriño
María Josefa Escobar	

10

LA REVISTA *LYCEUM*. ÓRGANO OFICIAL DEL *LYCEUM* DE LA HABANA

En 1936 se presentó el primer número de la revista y el cuerpo de redacción estuvo integrado por dos directoras: Uldarica Mañas y Camila Henríquez Ureña, en la administración Rebeca Gutiérrez y Leonor Lavedán, como vocales Carolina Poncet, Piedad Maza, Mary C. de Ichaso, Silvia Shelton, Elena López y Silvia López. En 1939 las lyceístas se ven en la obligación de cerrar la revista y reaparece en 1949. El último número publicado fue en 1955. Durante estos años las directoras fueron Piedad Maza e Isabel F. de Amado Blanco.

En artículo publicado por Medardo Vitier en reconocimiento al número 28 de la revista, dedicado a Goethe nos dice:

Bien merece la publicación del *Lyceum* que nos detengamos en ella, siquiera para mostrarla como una de las realizaciones de este centro. Es el órgano oficial del *Lyceum y Lawn Tenis Club*, (sic) y aparece en números trimestrales. La directora es Piedad Maza, y forman el consejo de redacción Vicentina Antuña, Adelina Bannatyne, Martha de Castro, Emelina Díaz, Mercedes García Tudurí y Leonor Lavedán. Basta enumerar los nombres para anotar el relieve de la Dirección y la calidad del Consejo. Por eso han logrado mantener una revista, cuyos números importa conservar no hay uno solo de ellos que no contenga algún trabajo de esos que, transcurrido algún tiempo, alguien busca con alguna finalidad de estudio.

La Revista *Lyceum* logró gran notoriedad y trascendencia por sus valores tanto desde el punto de vista de la forma como del contenido, temas relacionados con la cultura, la historia, la educación, los problemas sociales, la mujer, fueron plasmados en ella y en sus 41 números. Recogidos dentro de «Notas de Secciones», aparecieron las siguientes temáticas: Conferencias, Música, Acción Social, Exposiciones, Biblioteca, Clases, Revistas de Libros, Concursos y Deportes. A partir de 1949 aparecen las secciones de Teatro, Cine, Radio, Danza, Política y Visitante; en todas ellas se hacían comentarios, reseñas y pequeñas críticas de las actividades más importantes llevadas a cabo en el *Lyceum*. También aparecieron por sólo unos pocos años la sección Revista de Libros, dirigida primeramente por Camila H. Ureña y luego por Raimundo Lazo, y Cinema dirigida por José Ardévol. La primera mostró a través de reseñas y comentarios, algunas obras literarias que bien podían ser: poesía, narrativa, teatro, testimonio o ensayos, demostrando así el marcado interés por la diversidad y dar a conocer los libros más universales, latinoamericanos y cubanos. Por su parte Cinema, mostró un panorama bastante abarcador del poco buen cine que se veía en las salas de la época. Dentro del sumario de la revista se presentó una gran variedad de temáticas: crítica literaria, artes plásticas, música, asistencia social, historia, poesía, cine, temas sobre el feminismo, educativo-pedagógico, ético-filosófico, crítica teatral, deporte, temas científicos, entre otros. Las más destacadas fueron literatura, arte, música e historia; tanto universal, latinoamericana, española y cubana, dando prioridad a las últimas tendencias.

Durante los días 10,11 y 12 de diciembre de 1937 se celebró en Matanzas la Gran Exposición Internacional de Publicaciones Periódicas; ésta fue organizada por Pedro Avalos Torrens, director de la Biblioteca Pública de Matanzas (1835), e Isidoro Virgilio Meriño, poeta y director del grupo cultural Índice, con la cooperación de Fernando Sergo, secretario de educación en esa fecha. A la exposición concurrieron 51 países por medio de 1 407[88] publicaciones de América, Europa, Asia y la casi

---

[88] En varios textos aparece la cifra de 1 417 publicaciones, pero en carta firmada por el mismo Pedro Avalos Torrens aparece la cifra de 1 407.

totalidad de las de Cuba. El jurado otorgó 150 premios, divididos en la siguiente forma: 25 grandes Diplomas de Honor, 50 Diplomas de Honor y 75 Diplomas de Méritos. La Revista *Lyceum*, a pesar de ser de las publicaciones más jóvenes presentadas a concurso, le correspondió el mérito de ser incluida entre los Grandes Diplomas de Honor. Haciendo un resumen de lo antes expuesto se puede considerar que *Lyceum*, es ante todo una revista cultural, con una marcada actividad artístico-literaria y una preocupación sentida por los temas sociales y científicos, sin dejar de reconocer que respondía a los intereses de una institución femenina de marcada tendencia progresista y democrática.

A partir de 1950 se comienzan a observar cambios en las técnicas de impresión, pero no es hasta 1951 cuando se edita la revista número 26, que se aprecia un gran giro y la preocupación por los aspectos técnicos «de acuerdo con las normas de la tipografía moderna avalorada por los recursos ilustrativos del dibujo y la fotografía».

Uno de los aspectos de la política cultural del *Lyceum* fue dar oportunidades a las mujeres, a los noveles y ser muy selectivos con las personas que participaban en sus salones y los que publicaban en su revista; a este aspecto se refirió Medardo Vitier en comentario al número 28 de la revista: «Ni en este ni en los anteriores veo que se hagan concesiones a cuartillas de principiantes. Piensa uno que los escritos allí publicados pasaron por la prueba de un tamiz exigente. Lo cual no implica, desde luego, que todos sean de igual importancia.»

Desde esta revista se divulgó el trabajo social en Cuba, el conocimiento de los valores americanos, el rescate del patrimonio histórico cultural cubano, los cursos y clases para mujeres, así como el compromiso y la misión social que éstas debían cumplir según los tiempos modernos; los concursos literarios y musicales, las exposiciones y las becas. De esta forma se convertía en un órgano de prensa con un prestigio incalculable, no sólo por los temas sino por los intelectuales cubanos y extranjeros que publicaron en ella, algunos de ellos fueron: Juan Marinello, Jorge Mañach, Lydia Cabrera, Dulce María Loynaz, Roberto Fernández Retamar, Eliseo Diego y entre los foráneos María Zambrano, Juan Ramón Jiménez, Gabriela Mistral, Rómulo Gallegos, Pedro Salinas, Karl Vossler entre otros.

Camila Henríquez Ureña

La Habana, Febrero de 1936

Vol. 1   No. 1

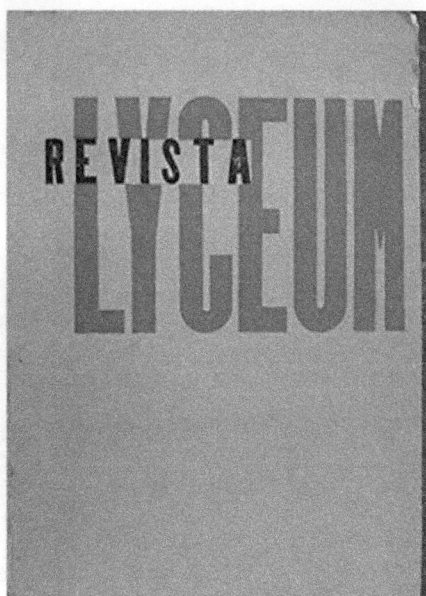

REVISTA LYCEUM

Lyceum

Organo Oficial

Vol. I.   La Habana, Febrero de 1936.   No. 1

SUMARIO

DIRECTRICES

Consuelo Miranda
LITERATURA PARA NIÑOS

Rafael Marquina
EL TEATRO NORDICO

Camila Henríquez Ureña
REVISTA DE LIBROS

Raimundo Lazo
IMAGEN LITERARIA DE VALLE INCLAN

NOTAS DE SECCIONES
CONFERENCIAS — MUSICA — ACCION SOCIAL
EXPOSICIONES — BIBLIOTECA

Lyceum

ORGANO OFICIAL

Vol. IV   La Habana, Enero - Febrero - Marzo, 1939   No. 13

SUMARIO

Kata Vukelic
Literaturas Nacionales y Poesía Universal

Raimundo Lazo
Carlos Loveira

Sidney Marx
La tragedia de la juventud cubana

Emilio Fernández Camus
La ciencia y la literatura

Gustavo Mañas
Colonia de Mujeres y Hombres y Salud

Piedad Rivas
Informes sobre el Congreso Internacional de Mujeres

Luis de Soto Sagarra
Ocho Lecciones de Pintura Moderna - III y IV

J. Aristigueta
Cinema

La Fusión del Lyceum y del Lawn Tennis Club
(Palabras de Mary Caballero y del Dr. Manuel Bisbé)

NOTAS DE SECCIONES
Conferencias - Acción Social - Clases - Exposiciones
Música - Biblioteca

172

11

OTROS PROYECTOS CULTURALES

Otras de las formas de apropiarse de conocimientos, cultura y sobre todo de amor por lo propio frente al desdén de algunos por lo nacional, fueron las diferentes excursiones o visitas que las lyceístas llevaron a cabo junto con sus socias. A simple vista podría verse como un pasatiempo turístico, pero realmente era más que eso; los lugares visitados tenían un valor artístico, histórico, científico o de otra índole. La primera de ellas fue al Museo Nacional y sucesivamente fueron visitando otros lugares como el Museo de Historia Nacional, la Catedral y la Residencia de los Condes Casa Bayona. Su interés por aspectos de índole económico, su afán de conocimiento y para estar acorde con los tiempos modernos, realizaron algunas visitas a fábricas o industrias y se preocuparon por su funcionamiento y todo lo concerniente a sus aportes a la economía. En estos primeros años también se llegaron al Museo José Martí y al Crucero Alemán Karlsruhe.

Entre 1932 y 1933 fueron a ver el Observatorio Nacional de Casablanca, el Central Hershey, los talleres de la imprenta de la revista Orbe y el viejo pueblo de Santa María del Rosario y su iglesia. Los institutos o escuelas también fueron lugares de interés para ellas, en este caso la Escuela de Artes y Oficios. También se preocuparon por frecuentar lugares donde la mujer pudiera recibir algún tipo de apoyo; fue el caso del Reformatorio de Mujeres, así como seguir acudiendo a diferentes sitios donde les brindaran explicación y conocimiento. Con tal motivo visitaron el Museo de Medicina y el de Antropología de la Universidad de La Habana y comenzaron las excursiones a diferentes lugares de Cuba, ya fuera por su valor histórico o geográfico. Fueron a Trinidad y al Valle de Viñales. En otros años lo hicieron a Boca de Jaruco, Varadero, los cayos de la Bahía de Cabañas, San Antonio de los Baños y nuevamente el Valle de Viñales y Trinidad; también fueron a la ciudad de Santiago de Cuba, entre otros muchos lugares.

En relación con las artes plásticas asistieron al Salón Nacional de Pintura y Escultura, a los talleres de Rotograbado del *Diario de la Marina*, a la Exposición de Escuelas Europeas de la Universidad de La Habana, a la de Trescientos Años de Pintura en Cuba, a la de Arte Contemporáneo Cubano y Norteamericano realizada en el Capitolio y al estudio-taller de Sicre. Frecuentaron otros lugares de interés histórico y cultural dentro y fuera de La Habana, diferentes museos y escuelas técnicas o institutos.

También en el *Lyceum* se comentaron libros, muchos de ellos recién editados, eran traídos por las socias después de sus viajes al extranjero y donados a la biblioteca. Se debatieron novelas, ensayos sobre temas femeninos, asuntos mundiales de más relevante actividad; pero también fue de gran importancia dar a conocer los trabajos en preparación o inéditos de muchos intelectuales, todo lo cual sirvió como estímulo al valor de sus obras.

En sus salones también eran comunes los recitales de poesía y en ellos muchas veces se dieron a conocer antes de ser editados muchos poemarios de la autoría de Eugenio Florit, Mariano Brull, Ernesto Fernández Arrondo, Emilio Ballagas, Nicolás Guillén —quien fue presentado por Francisco Ichaso—, Vicente Gómez Kemp, Luisa Muñoz del Valle, Renée Potts, Josefina de Cepeda, Serafina Núñez, León Felipe, Federico García Lorca, Rafael Alberti, Juan Ramón Jiménez, Gabriela Mistral, Dulce María Loynaz, Mirta Aguirre, Andrés Eloy Blanco, la poetisa colombiana Laura Victoria y la salvadoreña Jaucel. También se efectuaron recitales poéticos de autores hispanoamericanos por Nena Acevedo, Serafina Núñez, entre otros.

Desde su fundación en 1929 fue un gran sueño para sus fundadoras, la existencia de un teatro propio y un grupo de teatro, así como la divulgación de esta manifestación artística. En la redacción de las memorias del primer año de vida del *Lyceum*, Berta Arocena nos dice: «aseguran los editores de 1930 —buenos amigos del *Lyceum*— que la primera representación del teatro de vanguardia no tardará en efectuarse».

En marzo de 1932, en junta directiva, se crearon las bases del Teatro *Lyceum*[89] y se nombró el comité ejecutivo del mismo, formado por destacados intelectuales. Durante los siguientes cuatro meses comenzaron los ensayos de dos obras del teatro contemporáneo, pero las funciones no pudieron darse en el *Lyceum* por problemas de acústica, por lo que se presentaron en el Conservatorio Falcón.

Próximo a inaugurarse y casi finalizada la preparación de la obra *El tiempo es un sueño* de Henri Lenormand, se vio interrumpida la labor del teatro debido a acontecimientos anormales en el país y las labores en este sentido se posponen para un futuro. No obstante, a ello, durante los años venideros las propias socias organizaron pequeñas piezas teatrales entre ellas, y otras con el motivo de celebrar centenarios u otras festividades. A la muerte de Valle Inclán se presentó la obra *La cabeza del Bautista*; pero no fue hasta 1949 que se hacen notorias las actividades

---

[89] En el *Lyceum* se hacía una representación mensual desde 1932 con el cuadro dramático dirigido por el español Jesús de Tordecillas en la primera época y luego por Guillermo de Mancha, alrededor de 1933, quien dirigió obra como, *El azar* de Federico Oliver, *Topacio* de Marcel Pagnol; *El viaje infinito* de Vane Sutton, entre otras.
https://www.monografias.com/trabajos101/teatro-decadencia-del-bufo-y-auge-del-lirico-cubano-1925-1940/teatro-decadencia-del-bufo-y-auge-del-lirico-cubano-1925-1940

dramáticas y se escenifican obras de Maurice Maeterlinck, escritor de marcada estética simbolista, de Chejov y *El descubrimiento* de Marcello Pogolotti.

Otras de las acciones del *Lyceum* fue ofrecer reconocimiento a intelectuales que se habían destacado por su labor, haber obtenido premios, etc., de esta forma homenajearon y recibieron a personalidades cubanas y extranjeras o festejaron algunos centenarios. Con el propósito de reconocer a Francisco Ichaso por su premio Justo de Lara de Artículo Periodístico, las lyceístas ofrecieron una actividad. Lo mismo hicieron con otros intelectuales al destacar sus éxitos profesionales, sus triunfos en el extranjero, la edición de un libro, la participación en congresos internacionales o simplemente recibían a figuras destacadas del patio o del extranjero.

Por otra parte, también llevó a cabo una gran cantidad de concursos entre las propias socias y los niños de las escuelas públicas y privadas, además de otros dirigidos a los intelectuales, ya fuesen escritores, músicos, o artistas plásticos. De esta forma, promovió sectores de la cultura que estaban abandonados y dio oportunidad a los jóvenes, pues muchos de estos concursos estaban dirigidos a ellos.

El 8 de mayo de 1940 el *Diario de la Marina* publica el siguiente anuncio: «Ofrece el *Lyceum* regularmente todos los meses, las mejores películas exhibidas durante el año (a asociadas) *Pigmalión* fue la primera». Este proyecto se extendió a lo largo de las décadas del 40, 50 y 60, y en ellos participaron como moderadores Walfredo Piñera, Nicolás

Cossío, José Cubero, Manuel Fernández y Alberto Cardelle.

RELACIÓN DE LIBROS COMENTADOS

1931-1932

- *Guía de la mujer inteligente para el conocimiento del capitalismo y del socialismo*, de Bernard Shaw.
- *Ingleses, franceses y españoles*, de Salvador Madariaga.
- *El temperamento y sus trastornos*, de Leopoldo Levy.
- *Babbit*, de Sinclair Lewis.
- *La mujer nueva y la moral sexual*, de Alejandra Kollontoy.
- *La joven india*, de Mahatma Gandhi.
- *La mujer ante la república española*, de María Martínez Sierra.

1932-1933

- *Los caminos de la libertad: anarquismo, comunismo y sindicalismo*, de Bertrand Russell.

- *La tragedia biológica de la mujer*, de Nemilov.
- *D. H. Lawrence. Professional Study*, de Anaís Nin.
- *Mujeres en transición*, de Beatriz Forbes.

1933-1934

- *Discurso de Martí en el Primer Congreso Panamericano.*
- *Bolívar y las Antillas Hispanas*, de Emeterio Santovenia.
- *Martial Spirit*, de Walter Milles.
- *La vida íntima*, de Keynerling.

1935-1936

- *Capitaine Conan*, de Roger Vergel (Premio Goncourt 1934).
- *La Nueva Cuba*, de la Foreign Policy.
- *Dorotea*, de Raimundo Lazo.
- *¿Por qué actuamos como seres humanos?*, de George A. Dorsey.
- *El alma encantada*, de Romand Rolland.
- *Diario de una maestra rusa*, de R. Grigirievna.
- *Mundo feliz*, de A. Huxley.
- *La calle sin sol*, de Nahoshi Tokumaya.
- *La escuela nueva*, de Laurencio Filho.
- *Poesías*, de León Felipe (por el propio autor).

- *¿A dónde va la mujer?*, de Amanda Labarca (por la propia autora).
- *Ignacio Agramonte*, de Carlos Márquez Sterling.

1937-1939

- *La vida espiritual en Sur América*, de Karl Vossler.
- *Mother Earh*, de Peral Back.
- *El hombre: un desconocido*, de Alexis Carrel.
- *Gone with the Wind*, de Margaret Mitchel.
- *Life and Death of Spanish Town*, de Elliot Paul.

1939-1941

- *La risa, ensayo sobre la significación de lo cómico*, de Henri Bergson.
- *La resurrección de las ciudades muertas*, de Marcel Brion.
- *La joven parca*, de Paul Valery.
- *Estampas en la cárcel*, de Edelmira González.
- *Juan Cristóbal*, de Romain Rolland.
- *La importancia de vivir*, de Lin Yutang.

1943-1945

- *La cultura del renacimiento en Italia*, de Jacob Burckhordt.
- *Contrapunteo del azúcar y el tabaco*, de Fernando Ortiz.

- *Arquitectura colonial cubana*, de Joaquín Weiss.
- *La escultura en Cuba*, de Rosario Novoa y Luis de Soto.
- *Los niños, los libros y los hombres*, de Paul Hazard.
- *¿Se comió el lobo a Caperucita?*, de Antoniorrobles.
- *La Edad de Oro*, de José Martí.

1949-1951

- *Lincoln en Martí*, de Emeterio Santovenia.
- *Hamlet*, de William Shakespeare.
- *El destino de la humanidad*, de Leconte du Noüy.
- *El pensamiento de Giner*, de Fernado de los Ríos.
- *Grace Abbot: reminiscencia de una hermana*, de Edith Abbot.
- *Le deucieume sexe*, de Simone de Beaurvoir.
- *Fashion Designing*, de Couise Barnes.
- *Experiencia y educación*, de John Dewey.
- *Por la felicidad de nuestros hijos*, de Irene Silva de Santolalla.
- *El curso de la vida humana como problema psicológico*, de Carlota Bühler

1951-1960

- *Historia de la biografía*, de Ezequiel C. Ortega.
- *Florence Nightingale*, de Cecile W. Smith.
- *Cómo no estar cansado nunca*, de Marie B. Reid.

- *Los mejores años de nuestras vidas*, de Marie B. Reid.
- *Gente independiente*, de Harold Laxness
- *Memorias de Simone de Beauvoir*,
- *Psicología del matrimonio y del ajuste sexual*, de Dino Origlia

PROXIMOS ESTIENOS

MAÑANA
"JUANA DE LORNA"
De MAXWELL ANDERSN
Director: EDUARDO CABJO
FUNCION DE OCTUBRE DEL TEATO "ADAD"

SABADO 30
TEATRO "ADAD" PRESENTANDO AUXUPO "ATA"
CON TRES OBRAS CUBANS
"UNA CITA EN EL ESPEJO" De ROANDO FERRER
"SCHERZO" De EDUARDO ANET
"NOSOTROS LOS MUERTOS" : RENE BUCH
Director: MODESTO CENTRO

P R O M E T E O
PRESENTARA
14 DE NOVIEMBRE
"FARSA DE MICER PATELIN" autor Anonimo
"LA MAS FUERTE" de AUGUST STRINDBERG
"SU ESPOSO" De BERNARDSHAW
Directores: Reinaldo de Zúñica, Teatro Mario
y Cugat Ponce de León

Lugar: Lyceum Lawn Tennis Club.   Hora: 9 p. m.

PROMETEO

P R E S E N T A

"ELECTRA
GARRIGÓ"

de VIRGILIO PIÑERA

FUNCION ANIVERSARIO

PROMETEO

P R E S E N T A

"La Intrusa" de Maurice Maeterlinck
"Petición de Mano" de Andrés Chejov

Directores: MATILDE MUÑOZ y ANDRES CASTRO

Lyceum Lawn Tennis Club - Calzada y 8, Vedado
Domingo 20 de Marzo de 1949 - 9 p.m. - UN PESO

𝕷𝖞𝖈𝖊𝖚𝖒

MEMORIA DE LOS TRABAJOS PRESENTADOS

A LA

"PRIMERA FIESTA INTELECTUAL
DE LA MUJER"

CELEBRADA EN LA HABANA
EN EL MES DE MAYO, 1935

Imprenta "El Siglo XX"
Teniente Rey 27
Habana

12

LA POLÍTICA NACIONAL E INTERNACIONAL: ACCIONES DEL *LYCEUM*

Cuando fueron redactados los estatutos en 1928 la comisión mantuvo el criterio de: «La neutralidad absoluta en materia de religión y política. Esa neutralidad que jamás ha significado indiferencia le ha permitido agrupar en su seno a mujeres de todos los matices políticos y de todos los credos religiosos.»[90]

El hecho de que, desde su fundación, la membrecía y sus socias estuvieran formadas por mujeres de diferentes formaciones culturales e ideológicas, permitió que en sus

---

[90] Maza, Piedad. «Hojeada retrospectiva». *Memoria de los trabajos presentados a «La primera fiesta intelectual de la mujer»*. La Habana, mayo 1935. Imprenta el siglo XX: p. 6

salones se proyectaran y discutieran temas políticos, económicos y sociales de distinta índole y sobre todo de una marcada actualidad.

Durante los terribles primeros años de la década del treinta, la institución no da muestras, a través de sus actividades, de un compromiso político en contra de la dictadura; sin embargo, en memoria de 1933-1934, dan por sentado que hubo hondas preocupaciones en este sentido:

Al recordar los múltiples acontecimientos trágicos de carácter nacional y las ansias revolucionarias que han llenado el ambiente en los dos años pasados, toma relieve el esfuerzo realizado por mantener abiertas las puertas del *Lyceum* venciendo toda índole de dificultades   como la polarización de todas las energías hacia los problemas políticos y las luchas por la renovación patria, el pesimismo, desaliento e inercia espiritual consiguientes, la crisis en el orden económico. Mas a pesar de una serie de interrupciones obligadas, siguió el *Lyceum* su obra sin desfallecimientos, llegando a ser el único centro de igual índole que lograra mantener vivo el fuego sagrado en el altar de la cultura.

Durante este período se había clausurado la universidad y todos los centros docentes, la Confederación Nacional Obrera de Cuba (CNOC) había sido declarada ilegal y sus filiales asaltadas y saqueadas, la prensa amordazada y suspendida y las instituciones, culturales o artísticas, obligadas a suspender sus actividades, por lo que el *Lyceum* viene a suplir un poco la función de los centros docentes a través de sus clases, cursos y conferencias. También vino a ser tribuna y prensa. En 1931 ellas comentaron el libro *Guía de la mujer inteligente para el conocimiento del socialismo y del capitalismo* de George Bernard Shaw. La acogida fue tan exitosa que se debatió por seis tardes más; otro de los libros en discusión fue *Los caminos de la libertad: anarquismo, comunismo y sindicalismo* de Bertrand Russell el cual despertó gran interés entre las socias.

También conmemoraban todos los años el Día de la Paz y mes por mes discutían, bajo la dirección de Hortensia Lamar, diferentes temas de actualidad mundial porque ellas estaban conscientes de esta necesidad de estar informadas en todos los órdenes; es por ello que dejan por sentado que:

Con plena conciencia de que la obra cultural abarca todo un panorama del saber humano, así como las palpitaciones del momento en que se vive, se ha intentado extender el radio de interés a toda índole de problemas dedicándole atención por igual a los temas históricos, científicos, de alta política, sociales, etc.[91]

Es por eso que en momentos tan críticos como la Primera y Segunda Guerras Mundiales, la Guerra Civil Española u otros acontecimientos ya sean internacionales o

---

[91] Regristro Anual. *Lyceum*: Memoria 1933-1934: 4

nacionales, ellas solicitaron a los especialistas que ofrecieran conferencias relativas a estos temas, fue sobre el fascismo que se habló en aquellos salones, sobre la paz mundial, sobre la fijación de unas bases para la reforma constitucional, la realidad cubana a través de la Enmienda Platt y otros temas.

También en el campo de las luchas feministas, de los congresos femeninos en Cuba y fuera de la isla, de la posición de la mujer frente al Código de Defensa Civil entre otros, se destacó la labor de las lyceístas.

Para 1940 se debatió en dos ocasiones la nueva constitución y desde el punto de vista social se hicieron comentarios sobre sucesos mundiales, la situación militar y política de Europa y cometarios mensuales sobre la situación internacional.

Ante la agresión de Japón a los Estados Unidos el *Lyceum* hizo pública una declaración de principios donde expresaba su adhesión a los principios de libertad y democracia, y dirige un llamamiento a sus socias y en general a las mujeres cubanas para formar las filas del servicio femenino para la Defensa Civil; formando cinco servicios de emergencia y creando el Frente Femenino de Defensa Civil.

La institución siguió abordando el tema político en la posguerra y el movimiento feminista en el continente, también rindió homenaje a la liberación de Francia por los aliados. En 1949 se leyó y discutió en sus salones el informe sobre los congresos de la paz realizados en Nueva York y París, abordaron el tema de Cuba y la ONU, la mujer en el panorama político nacional y los derechos de la mujer en Chile.

En la década de 1930, por orden de Gerardo Machado, algunas socias del *Lyceum* fueron recluidas en la Cárcel de Guanabacoa y la Isla de Pinos. Rita Shelton y sus hermanas fueron encarceladas por sus protestas cívicas contra Machado.[92]

En 1935 Camila Hernríquez Ureña, Carolina Poncet y otras lyceístas fueron hechas prisioneras por darles la bienvenida al conocido dramaturgo comunista Clifford Odetts, quien venía acompañado de otros escritores norteamericanos. De este acontecimiento tenemos el testimonio de Carmen Neneína Castro Porta, fundadora en 1952 con Aida Pelayo Pelayo del Frente Cívico de Mujeres Martianas, activo durante el segundo gobierno de Batista (1952-1958), donde expone el hecho, enmarcado en la primera etapa del mandato de éste (1934-1944), en relación con la fracasada huelga de marzo de 1935:

> [...] la mayor parte de los cuadros revolucionarios, como hemos dicho, fueron a parar a las prisiones y miles al exilio. (...) Ante esta situación, DOI (Defensa Obrera Internacional) preparó una comisión norteamericana, integrada por intelectuales, deportistas, estudiantes y artistas, para que viajara a Cuba.

---

[92] Mederos de González, Helena. «Rita Shelton». *Memoria de los trabajos presentados a «La primera fiesta intelectual de la mujer»*. La Habana, mayo 1935. Imprenta el siglo XX: p. 22

(...) Al frente de esa comisión venía el conocido dramaturgo Clifford Odets.

Había que hacerle un recibimiento a la comisión norteamericana. Hablé con [Elías] Entralgo, y acordamos organizar una comisión aquí, a través de una reunión que podría celebrarse en el *Lyceum*. Como yo era socia estudiante, le pedí los salones a la presidenta, Rebeca Gutiérrez, y me dijo que sí. Se hizo una amplia citación a intelectuales, artistas, etcétera. Entralgo habló con el poeta Ballagas para que hiciera la apertura y explicara el asunto. La reunión se celebró exitosamente y el *Lyceum* nombró una representación integrada por Camila Henríquez Ureña, Leonor Lavedán y Nena Castellanos. Se envió citaciones de prensa, encabezadas por Antonio Sánchez de Bustamante y Montoro y José María Chacón y Calvo. Llegó el día del arribo del barco y ya estaban las representaciones cubanas en un salón de espera, cuando cientos de soldados rodearon el muelle, en círculo cerrado. (...) Vi pasar corriendo a Mr. Phillips, corresponsal del *New Times*.

—¿Qué sucede?

—Me contestó: «A la comisión norteamericana la han devuelto a Estados Unidos.

Cuando me viré, pasaba la jaula con Domingo Ravenet, Camila Henríquez Ureña, Aquiles Maza, Aida Pelayo, Tina Pérez Porcet y otros.

(...) Durante el juicio, los abogados utilizaron todos los resortes legales. Aparte, incidieron las gestiones que rápidamente realizó el *Lyceum* por ser Camila una figura destacada de la institución, pero también porque precisamente en aquellos días ofrecía un curso de Literatura a las socias, curso que interrumpió la detención.[93]

También Berta Arocena militó bajo el liderazgo de Otilia André en la Organización de Mujeres Revolucionarias. Hortensia Lamar, Renée Méndez Capote y Camila H. Ureña participaban activamente en los Congresos Nacionales de Mujeres.

De acuerdo con lo expresado por Onelia Cabrera, las lyceístas permitieron que la Sociedad Nuestro Tiempo que se sabía públicamente apoyada por el Partido Comunista y dirigida intelectualmente por Carlos Rafael Rodríguez y Mirta Aguirre, quien era también miembro del *Lyceum*, participara activamente en sus salones. En otra ocasión María Teresa Linares ofrece una conferencia sobre música campesina a la que invita a Justo Vega y al Jilguero de Cienfuegos, que era para entonces muy joven, y a otros grandes del punto cubano. Ella cuenta:

Se habló sobre el fenómeno de la improvisación y en el salón había muchos jóvenes universitarios, pues la universidad había sido cerrada por un asalto de Salas Cañizares y las clases habían cesado. Es entonces cuando un estudiante le dice a Justo Vega que haga

---

[93] En colección privada del autor.

una décima a la universidad, entonces él la hizo y recuerdo que terminaba así:

Unos suben a aprender/, otros suben a enseñar/, otros suben a romper/ lo que deben respetar/.

Aquello se fue abajo en aplausos y yo estaba como una pieza congelada, como un hielo, porque yo decía: «Si está Ventura o un sicario de Ventura, salimos todos presos». De ahí en lo adelante yo no pude controlar lo que empezaron a improvisar esos campesinos, lo que empezó a proponer la gente que estaba en el público. Eso lo permitió el *Lyceum*.[94]

Como ya se sabe la institución cultural de las mujeres fue muchas veces tribuna, en este caso de juventudes y campesinos donde expresaron, a raíz de un hecho cultural, sus inconformidades con el régimen y sus arbitrariedades. Otras de las acciones en el campo de la política llevadas a cabo por las mujeres de izquierda y que se hicieron de manera muy escondida, según atestiguan Marta Arjona, Onelia Cabrera y Naty Revuelta, fue su aporte a los guerrilleros de La Sierra Maestra a través de la recogida de frazadas y dinero. Era una tarea muy activa, definida y secreta, quizá de ahí que poco se conozca sobre ello. Según Onelia Cabrera:

[...] los últimos años antes del Triunfo Revolucionario fueron de participación directa en la clandestinidad, y dentro del *Lyceum* se hicieron muchas cosas; ella y

[94] Linares, María Teresa. Entrevista personal. La Habana, 13 enero 2006

María Luisa Rodríguez Columbié vendieron bonos, divulgaron *La historia me absolverá*. Naty Revuelta y Marta Arjona tenían vínculos con la Sierra Maestra y ayudaron recogiendo dinero para comprar armas. Eran varias las mujeres en el *Lyceum* que hacían estas cosas.[95]

Cuando se funda el Frente Cívico de Mujeres Martianas —expresó Naty Revuelta:

Éste tuvo dentro de sus actividades un servicio social dirigido por Concha Chera, ella tenía estrechas relaciones con mujeres que laboraban en el servicio social del *Lyceum* las que tenían muchos vínculos y relaciones con personas del Gobierno, ellas en innumerables ocasiones fueron de gran ayuda para que las martianas pudieran auxiliar a familiares de presos y perseguidos, todo esto era totalmente clandestino.[96]

El 15 de diciembre de 1956, frente al atropello, el crimen y el allanamiento de locales públicos y privados por parte del Ejército, el *Lyceum* secundado por sus homólogos de Santiago de Cuba, Pinar del Río y Camagüey así como los Clubes de Leones y Rotarios de la Capital, firmó un llamamiento que instaba a todas las instituciones cívicas, fraternales, políticas, sociales y patrióticas a adoptar cuestiones conjuntas sobre la base de las normas jurídicas

---

[95] Cabrera, Onelia. Entrevista personal. 5 enero 2006
[96] Revuelta, Natalia «Naty». Entrevista personal. La Habana, 7 enero 2006

vigentes para frenar la violencia y buscar adecuada salida a la problemática cubana.

También, y según palabras de María Luisa Rodríguez Columbié, presidenta de la institución en dos ocasiones: «Al suspenderse la subvención que el Estado venía dando al Ballet Alicia Alonso, yo redacté el documento de protesta y luego fuimos a ver a la Federación de Estudiantes Universitarios, quienes leyeron el documento y realizaron el *meeting*.»[97]

Al parecer todos los méritos de esta acción se le adjudican a la FEU[98] y se desconoce la participación gestora del *Lyceum*.

---

[97] Rodríguez Columbié, María Luisa. Entrevista personal. La Habana 9 enero 2006

[98] Federación Estudiantil Universitaria

EPÍLOGO

Durante más de treinta y cinco años el *Lyceum* de La Habana, con posterioridad *Lyceum y Lawn Tennis Club*, puso en práctica a través de numerosos proyectos socioculturales una política elaborada por un grupo de mujeres de su primera y sucesivas directivas. Esta labor realizada por el *Lyceum* en La Habana y en otras provincias de Cuba en la etapa comprendida entre 1928 y 1968 se destaca por el innegable valor histórico cultural que posee, así como por su particular incidencia dentro del contexto sociocultural habanero y cubano en general.

Ellas se convirtieron en una de las principales promotoras y animadoras socioculturales de su época, no sólo brindaron superación a sus socias, sino a la comunidad. Para lograr sus objetivos llevaron a cabo un sin número de proyectos y acciones desde sus diferentes secciones; de esta forma, promovieron sectores de la cultura y la sociedad que estaban abandonados; para ello, presionaron al Senado y a la Cámara de Representantes a través de pedidos y proyectos de ley.

Su trascendencia en el panorama sociocultural cubano del período se debió, entre otros aspectos, al deseo de rescatar el patrimonio histórico cultural, a la conformación de una imagen histórica de las artes plásticas y decorativas cubanas, la música y la literatura por medio de sus exposiciones, conciertos y conferencias. Al logro de una conciencia nacional, americanista y el necesario equilibrio entre tradición y progreso, al trabajo en beneficio de la comunidad (el niño y el adolescente), a la superación de la mujer, la defensa de la paz y la democracia; a la decisión de participar en un feminismo donde la feminidad no fuera anulada, a la intención de sembrar entre sus socias inquietudes artísticas, humanistas, democráticas y pacifistas, así como al fomento—entre ellas, los intelectuales y el sector público— de la responsabilidad social del desarrollo cultural, a la capacidad de concebir sus actividades con un marcado intercambio, discusión y proyección constante en beneficio de la comunidad, a que a pesar de sus refinadas actividades no hubo en ellas espíritu de crónicas sociales; a la presencia de un pensamiento progresista que las llevó a tolerar dentro de la institución todas las ideas, planteamientos o teorías —fuese cual fuese su enfoque ideológico—, a su adhesión a los ideales de las Naciones Unidas, la Unicef y la Unesco, a la estimulación a sectores abandonados —mediante la creación de organizaciones, concursos, ediciones de libros y mesas redondas—, a que fue pionera en el campo de la asistencia social en Cuba y paradigma para la creación de otras instituciones, a que constituyó un ejemplo de política cultural, aunque circunscrita al radio de acción que podía atender una institución privada con recursos limitados, no obstante, fue motor impulsor para futuras acciones gubernamentales que se materializaron gracias a su empeño dando ejemplo de cooperación entre el Estado y la sociedad civil. Su trascendencia también se debió a los empeños de preparar un proyecto con carácter nacional y a pequeña escala, en el cual involucraron a varias instituciones femeninas de todo el país para así llevar a cabo algunas reformas sociales, además con su apoyo ayudó al desarrollo de las actividades de algunas escuelas primarias, instituciones o grupos de intelectuales como: la Orquesta de Cámara de La Habana, la Sociedad Nuestro Tiempo, el grupo Orígenes, el grupo de teatro Prometeo, las filiales del *Lyceum*, y otras instituciones femeninas de Cuba, por tanto se considera que creó estrategias coherentes entre el sector cultural y otros sectores de la sociedad cubana.

En la Cuba posterior a 1959, la existencia de una política cultural centrada por el Estado y el cierre de las sociedades privadas, puso fin a un ciclo de casi cuarenta años de actividades socioculturales en pro del desarrollo integral de la mujer y de la comunidad.

ANEXOS

OPINIONES

Opinión de:

Juana *Cuca* Rivero Casteleiro
La profesora invisible
Nacimiento: 25 de junio 1917
Fallecimiento: 31 de marzo 2017
Entrevistada por: El autor
Fecha: 25 de enero 2006

Foto: Ecured

«Allí iba la crema y nata de la intelectualidad cubana a dar conferencias. Yo guardo un gran recuerdo y respeto por la labor que brindó el *Lyceum* y la excelente labor de sus presidentas. Aquella era una entrega tan grande que continuamente se aparecían a los ensayos del coro, en las exposiciones. Ellas estaban dando vuelta continuamente por todos lados. Ellas hicieron una labor irrepetible en La Habana».

Opinión de:

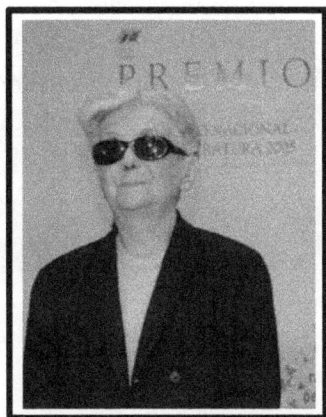

Graziella Pogolotti Jacobson
Nacimiento: 24 de enero 1932
París, Francia
Nacionalidad: cubana
Entrevistada por: Yamilé Ferrán y
Maite Rodríguez. *Luz y sombra
de mujer*. Ed. Letras Cubanos. *1998*

Foto: Ecured

«En los principios de los años 30 al 50 la institución típicamente femenina que yo más conocí fue el *Lyceum*, que se inscribió como institución cultural de una enorme importancia, como espacio de promoción de la cultura cubana; rebasó en su ámbito de influencia el mundo de la mujer; ejerció una influencia social más allá de las mujeres.

Lo que sucedía con el *Lyceum* es que para ser miembro había que ser mujer, y era la directiva la encargada de promover las actividades y la vida cultural de la asociación. Pero esta vida cultural se dirigía al conjunto de la sociedad, lo que a mí me resulta un fenómeno muy interesante. No era una propuesta hecha por la mujer para la mujer, sino de la mujer para la sociedad.

¿A qué se debió esto? Pues bien, a varias causas. En primer término, ya en aquellos años había un número importante de mujeres profesionales que en el terreno de su trabajo específico habían alcanzado una posición de alto relieve, quienes trataban de afirmarse en un ámbito que iba más allá del simple ejercicio de una tarea, iban a la búsqueda de un peso en la sociedad que les estaba negado por otras vías, que les estaba negado por las circunstancias políticas, de manera que no podían ejercer sus influencias por la vía política, ni entrar a formar parte de otro tipo de institución, no les quedó otra alternativa que hacer la suya propia. En este sentido, prestigiaron el papel de la mujer, en su repercusión social, como animadora y promotora de la cultura, ese fue el proyecto más lúcido que tuvo la directiva del *Lyceum*».

Opinión de:

María Teresa Linares Savio

Nacimiento: 14 de agosto 1920
Nacionalidad: cubana

Entrevistada por: El autor Fecha:
enero 2006

Foto: Ecured

«Te digo que la sociedad *Lyceum* tuvo un carácter muy democrático, muy abierto, muy al día en cuanto a aceptar la vanguardia y a aceptar todas las formas de expresión de la cultura. Y todas esas mujeres tuvieron una participación muy unánime, allí no hubo por lo que yo veía, una divergencia de criterios, porque iba toda la directiva siempre. Fue una sociedad muy abierta a la cultura.

Si no hubiera sido por el *Lyceum* no se hubiera podido desarrollar todo el programa musical; primero de la Sociedad de Música de Cámara, después de la Sociedad Nuestro Tiempo y del Grupo de Renovación Musical».

Opinión de:

Marta Arjona Pérez
Nacimiento: 3 de mayo 1923
Fallecimiento: 23 de mayo 2006
Nacionalidad: cubana
Entrevistada por: El autor
Fecha: enero 2006

Foto: Trabajadores

«El *Lyceum* era una sociedad que tenía una directiva de mujeres, tenía una virtud, que en su directiva convivían mujeres que efectivamente eran de la burguesía, pero no tenían prejuicios sociales y además mujeres practicantes de la revolución como Vicentina Antuña, Mirta Aguirre y otras que trabajaron junto a Elena Mederos que era una burguesa completa.

Había una situación verdaderamente aceptable desde el punto de vista de lo que sería la convivencia entre gente de la burguesía y gente que no lo era, eran intelectuales y se hablaba de eso, no se hablaba de otra cosa, así que el *Lyceum* tuvo una misión verdaderamente importante en la cultura del país y que nosotros tenemos mucho que agradecer».

Opinión de:

Natalia Revuelta Clews

Nacimiento: 26 de diciembre 1925

Fallecimiento: 27 de febrero 2015

Nacionalidad: cubana

Entrevistada por: El autor Fecha:
7 de enero 2006

Foto: Cubanet

«Era un lugar de mucha camaradería, donde todo era muy armónico, no te puedo decir ni por qué, ¡bueno! Es que lo recibían a uno en la puerta con tanto encanto y las mujeres eran tan educadas [...] todo era espontáneo, todo era natural en esa institución. Tú sabías que podías preguntarle a cualquier persona, consultarle todo tipo de cosas, tu podías ir a la biblioteca y tomar unos libros prestados.

Tu entrabas y salías del *Lyceum*, era como una especie de extensión de tu casa, de tu cuadra, de tu vida».

Opinión de:

Rita Longa Aróstegui

Nacimiento: 14 de junio 1912

Fallecimiento: 29 de mayo 2000

Nacionalidad: cubana

Entrevistada por: Yamilé Ferrán y Maite Rodríguez. *Luz y sombra de mujer.* Ed. Letras Cubanos. *1998*

Foto: La Jiribilla

«La profesión en cambio, siempre me la tomé en serio, pero no la Academia. Cuando en el 30 cierra esta institución comienzo a asistir al *Lyceum*, fundado por Renée y Sela Méndez Capote, las Mederos, y un grupo de mujeres a las que entonces tildaban de progresistas. Allí fue donde empecé a trabajar con miras a exhibir».

Opinión de:

Onelia Hortensia Cabrera Lomo

Nacimiento: 17 octubre de1926

Fallecimiento: 19 de octubre 2012

Nacionalidad: cubana

Entrevistada por: El autor

Fecha: 5 de enero 2006

Foto: cortesía de la Familia.

«Todas las mujeres intelectuales y toda la intelectualidad cubana de aquel momento iban al *Lyceum*, era el único lugar donde había un conocimiento, una proyección, un entendimiento de lo que era la cultura y entonces ahí era donde se les daba cabida a los cubanos, como a todos los que pasaban por Cuba.

El *Lyceum* como yo te dije fue un refugio, un lugar donde se podía ir, donde podías encontrar gente que entendiera, que participara de lo mismo, que le importara eso. Era como una especie de islita, un refugio espiritual, intelectual [...] el *Lyceum* podía haber supervivido y se podía haber transformado, no tenía que haber desaparecido así».

Opinión de:

María del Rosario Novoa Luis

Nacimiento: 11 diciembre de1905

Fallecimiento: 24 diciembre 2002

Nacionalidad: cubana

Entrevistada por: Yamilé Ferrán y Maite Rodríguez. *Luz y sombra de mujer.* Ed. Letras Cubanos. *1998*

Foto: Ecured

«Fui, por ejemplo, fundadora del *Lyceum*, una institución puramente femenina, toda mi vida pertenecí a él y cooperé en sus acciones, me integré con vehemencia a un proyecto puramente de mujeres que hizo una labor extraordinaria en un momento en que no existían instituciones que pudieran mantener la cultura en todas las manifestaciones, en la música, en la literatura, en la plástica. Allí no había discriminación, aunque sí algunas que se auto limitaban. Ciertamente negras no entraron hasta muy tarde, sin embargo, siempre el *Lyceum* fue una institución abierta, democrática y popular».

ANEXO: PROGRAMAS

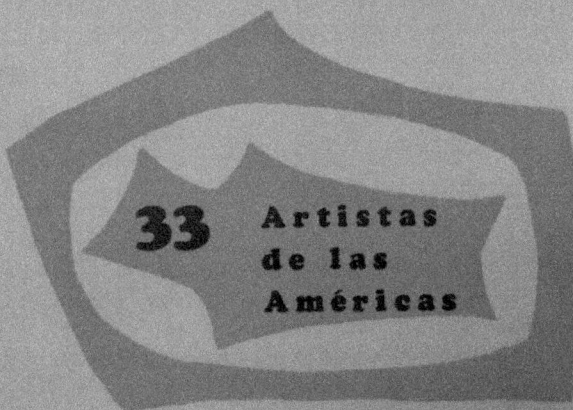

EL LYCEUM Y LAWN TENNIS CLUB

LA HABANA

Presenta

Desde el 30 Agosto hasta el 12 de Septiembre de 1949

33 Artistas de las Américas

EXPOSICION ORGANIZADA POR LA

UNION PANAMERICANA

WASHINGTON

SECRETARIA GENERAL DE LA ORGANIZACION DE LOS ESTADOS AMERICANOS

LA EXPOSICIÓN DE ARTE CHINO

En los salones de la benemérita sociedad Lyceum se inauguró la semana pasada la Primera Exposición de Arte Chino, organizada por Mme. Li, esposa del ministro de la República China en La Habana, con la cooperación de los señores de Gómez Mena y de otras figuras prominentes de la sociedad habanera.

Las fotografías de esta página corresponden a algunas de las obras expuestas.

Mme. Li Ti-tseng, organizadora de la exposición. (Oleo de Fernández Cuervo).

Vas de bronce con tapa, de fines de la dinastía Chou (400-220 A. de J.).

Vaso de la dinastía Sung (960-1280).

Bronce dorado del siglo XVII, representando a un Bodhisattva.

(Fotos C. F.).

Vaso azul y blanco en fina porcelana, con pedestal, y colocado delante de su caja, con inscripciones; bajo de la dinastía Chien Lung (1736-1795).

CARTELES

212

LYCEUM
Y LAWN TENNIS CLUB

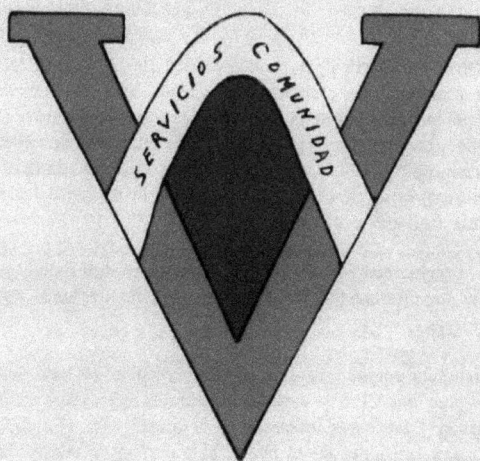

Día de la Voluntaria

MAYO 1959

LYCEUM

Febrero 1958

Y LAWN TENNIS CLUB

EL TEATRO
CUBANO

LYCEUM
Y LAWN TENNIS CLUB

DIA DEL
LIBRO CUBANO

Junio 1959

LYCEUM
Y LAWN TENNIS CLUB

EXPOSICION

de FLORES

ABRIL 1959

Lyceum Lawn Tennis Club

Andrés
1949

Exposición
venta
de
muñecas

DICIEMBRE 1961

COMPRE UNA MUÑECA Y HAGA
FELIZ A OTROS NIÑOS

Anexo: Fotos

Un grupo de alumnos del Cursillo de Alfabetización y algunos asistentes al acto de

Grupo de asistentes a la Reunión de Asociaciones Femeninas.

Grupo de asistentes a la Reunión de Asociaciones Femeninas

Directiva del Lyceum

Directiva del Lyceum

Directiva del Lyceum

Max Henríquez Ureña y parte de la Directiva del Lyceum

22 de febrero de 1949

Nueva casa social

Dirección:

Calzada y 8, Vedado. Planta baja: dos portales, bar, pasillo, *pantry*, *living-porch*, sala de recibo, dos terrazas, dos vestíbulos, boudoir, oficina, sala de actos, escenario o aula, portal, biblioteca, jardines.

Planta alta:

Portal, *lounge*, taquillas, tocador, *toilet*, recibidor, azotea, patinejo, vestíbulo, taller, almacén.

<u>Sótano:</u>
Duchas, taquillas de empleados, elevador de libros, vestíbulo, almacén, cocina, baño, comedor.

Planes de ampliación para 1944:

Oficina de tesorería y secretaría, sala de juntas, atenciones de servicio social, cuatro aulas (una para economía doméstica), almacén para biblioteca, vestíbulo, closets, y sobre la actual cantina y *pantries*, un salón con piso de madera para clases de gimnasia y baile.

Ampliaciones realizadas en 1945: Planta alta:

Ampliación de las duchas, tesorería. Tercera planta:

Sala de socias, salón de asistencia social, hall, maquinaria de refrigeración, monta carga.

Otras dependencias:

Sala para clases de ballet (gimnasio), teatro y sala de concierto, sala para clases de cocina, cancha de tenis, galería, sala de conferencia, aulas para clases de alfabetización (en la biblioteca), talleres de escultura y de pintura, salón de actos y de recibo, y cafetería.

Algunos puntos del Temario de inscripción a la Conferencia Nacional de Asociaciones Femeninas

1. Nombre de la Asociación.
2. ¿Cuenta con otros recursos además de la cuota de socia?
3. ¿Qué fines persigue la asociación?
4. ¿Qué actividades realiza?
5. ¿Qué participación tiene las asociadas en estas actividades?
6. ¿Qué hace la asociación en favor de sus asociadas?
7. ¿Qué hace en favor de la comunidad?
8. ¿Qué preocupación de orden cívico muestran las asociadas por los problemas de la comunidad?
9. ¿Qué relaciones mantiene esa asociación con otras de su localidad o de otros lugares de la República?
10. ¿Qué dificultades ha encontrado para el desarrollo de sus actividades?

CONFERENCISTAS QUE PARTICIPARON EN EL *LYCEUM*

1929

- Mariblanca Sabas Alomá
- Fernando Ortiz
- María Sánchez de Fuentes de Florit
- Hortensia Lamar
- Rita Shelton
- Alfonso Hernández Catá

1930 -1931

- José Antonio Ramos
- José Vasconcelos

1931-1932

- Luis A. Baralt (padre)
- Aurelio Boza Masvidal
- Mariano Brull
- Jorge Mañach
- Francisco Ichaso
- Eugenio Florit

- Mariblanca Sabas Alomá
- Dulce María Escalona
- Rita Shelton
- Antonio Sánchez de Bustamante y Montoso
- Alfredo Aguayo

1932-1933

- Luis de Soto
- José Manuel Valdés Rodríguez
- Medardo Vitier
- Luis A. Baralt (hijo)
- Félix Lizaso
- Emeterio Santovenia
- Ofelia Rodríguez Acosta
- Elías Entralgo

1933-1934

- Aurelio Boza Masvidal
- Emilio Ballagas
- Manuel Bisbé
- Fernado Ortiz
- Alfredo M. Aguayo
- Manuel F. Grant
- Juan Marinello
- María Villar Buceta
- Eugenio Florit

- José Ardévol
- José María Chacón y Calvo
- Herminio Portell Vilá
- María Muñoz de Quevedo

1935 -1936

- Berta Arocena de Martínez Márquez
- Rafael Marquina
- José Elías Entralgo
- Carlos Rafael Rodríguez
- Rosario Novoa
- José Luciano Franco
- Emilio Roig de Leuchsenring
- Juan Marinello
- Jorge Mañach
- Camila Henríquez Ureña
- Mecedes García Tudurí
- Alejo Carpentier

1937-1939

- José Antonio Portuondo
- Domingo Ravenet
- Medardo Vitier
- Raimundao Lazo
- Camila Henríquez Ureña
- Ana Echegoyen

- José Lezama Lima
- Virgilio Piñera

1939-1941

- Alejo Carpentier
- Emilio Roig de Leuchserning
- Guy Pérez Cisneros
- Jorge Mañach
- Medardo Vitier
- Médico Ángel Arturo Aballí

1941-1943

- José Antonio Portuondo
- Guy Pérez Cisneros
- Luis de Soto
- Francisco Ichaso
- Max Henríquez Ureña
- Anita Arroyo
- Martha de Castro
- Rosario Novoa
- José María Chacón y Calvo
- Medardo Vitier
- Félix Lizaso
- Padre Ángel Gaztelu
- Virgilio Piñera

1943-1945

- Jorge Mañach
- Ramiro Guerra
- Juan Marinello
- Carlos Márquez Sterling
- Alejo Carpentier
- Francisco Ichaso
- Vicentina Antuña
- Gastón Baquero
- Guy Pérez Cisneros
- César Pérez Sentenat
- Camila Henríquez Ureña
- Mariano Brull
- Rafael Marquina
- Nicolás Guillén

1945-1949

- No hay memoria

1949-1951

- Mirtha Aguirre
- Medardo Vitier
- José María Chacón y Calvo
- Rosario Rexach
- José Luciano Franco
- Emilio Ballagas
- Salvador Bueno
- Mercedes García Tudurí
- Juan Marinello
- Elías Entralgo
- Luis de Soto
- José Antonio Portuondo
- Luis A. Baralt
- Camila Henríquez Ureña
- Gustavo Pittaluga
- José Ferrater Mora

1951-1953

- Salvador Bueno
- José Lezama Lima
- Anita Arroyo
- Cintio Vitier
- Gustavo Pittaluga
- Rosario Rexach

- Medardo Vitier
- Jorge Mañach
- Lino Novás Calvo
- Rafaela Chacón Nardi
- Nitza Villapol

1958-1959

- Mario Rodríguez Alemán
- José Lezama Lima
- Manuel F. Gran
- Max Henríquez Ureña
- José María Chacón y Calvo
- Rafael Marquina
- Roberto Fernández Retamar
- Luis A. Blanco
- Rafael Esténger
- Conrado Massaguer
- Martha de Castro
- Jorge Luis Martí
- Rosario Rexach
- Isabel F. de Amado Blanco
- Raimundo Lazo

1961-1963

- Camila Henríquez Ureña
- Antonio Quevedo
- Raimundo Lazo
- Salvador Bueno
- Anita Arroyo
- Mario Parajón
- Eliseo Diego
- Cintio Vitier
- Luis Sánchez de Fuentes
- Orlando Martínez
- Odilio Urfé
- Rosa Leonor Whitmarsh
- Martha Castro
- Dra. Lourdes Grave de Peralta

1965-1966

- Lorenzo García Vega
- José Lezama Lima
- Orlando Martínez
- Fichú Menocal
- José Longorela

Conferencistas, Expositores o Visitantes Extranjeros

Finales de la década de 1920 y década de 1930

- María de Maeztu (pedagoga española/1929, 1930)
- Joaquín Turina (músico español /1929).
- Harry Tauber (arquitecto decorativo sueco /1929).
- Dra. Noel (miembro del *Lyceum* de París /1929).
- Concha Espina (escritora española /1929).
- Teresa de la Parra (escritora venezolana /1930).
- Federico García Lorca (escritor español /1930).
- Salvador Madariaga (escritor español /1930).
- Gabriela Mistral (escritora chilena /1931).
- Foujita (pintor japonés /1932).
- Rafael Alberti (escritor español /1935).
- María Teresa León de Alberti /1935.
- David Alfaro Sequeiro (pintor mexicano /1935).
- María Zambrano (filósofa y escritora española /1935).
- León Felipe (poeta español /1935).
- Juan Ramón Jiménez (escritor español /1936).
- Zenobia Camprubí (escritora española) /1936)
- Amanda Labarca (escritora chilena /1936).
- Alejandro Casona (escritor español /1937).
- Luis de Zulueta (español /1939).
- Alba de Céspedes (escritora española /1939).

- Manuel Altolaguirre (escritor español /1939).
- Concha Méndez (escritora española /1939)
- Leo Mechelaere, pintor belga

Década de 1940

- María Zambrano (filósofa y escritora española /1940).
- Herminio Almendros (educador español /1940).
- Dr. Eduardo Ortega y Gasset (intelectual español /1940).
- Arturo Souto (pintor español /1940).
- Fernando de los Ríos (escritor español /1941).
- Aaron Copland (músico estadounidense /1941).
- Pedro Henríquez Ureña (escritor dominicano /1941).
- José Ferrater Mora (filósofo español /1941).
- Juan Junyer (pintor español /1941)
- Alonso de Sayons (poeta argentino /1941).
- Guido Senigaglia (tenor vienés /1941).
- Greta Menzel (soprano austriaca /1941).
- Eric Landerer (pianista checo /1941).
- George Mc Niel (pintor estadounidense /1941).
- Pablo Neruda (poeta chileno /1942).
- Bernard Reder (escultor ruso /1942).
- Salomón Leiner (escultor ruso /1942).
- David Alfaro Sequeiros (pintor mexicano /1943).

- Andrés Eloy Blanco (escritor venezolano /1944).
- Emil Ludwig (escritor alemán /1945).
- Francisco Salazar Martínez (escritor y periodista venezolano /1948)
- Manuel de la Cruz González Luján (pintor costarricense/ 1948).
- Rómulo Gallegos (escritor venezolano /1949).
- Margarita Nelken (periodista y literata española /1949).
- Mrs. Mary P. Lord (Embajadora de la Unicef y asistente social / 1949).
- Francis H. Taylor (Director de Museo Metropolitano de New York. / 1949).
- Minna Citron (muralista estadounidense /1949).
- Jaime de Valle Inclán (pintor español /1949).
- Francisco Oliva (pintor catalán /1949).
- Andrés Eloy Blanco (poeta venezolano/1949),
- Robert H. Weaite (Representante en América Latina de la *J. Arthur Rank Organization* /1949).

Década de 1950

- Amanda Labarca (escritora chilena /1950).
- Fryda Schultz de Montavoni (chilena /1950).
- María Zambrano (filosofa y escritora española /1951).
- Francisco Ferrando (pintor español /1950).
- Osborne Hill (pintor británico /1950).

- Don Mariano Luis Funes (penalista español /1950).
- Carmen D-Alonso (novelista y cuentista chilena /1950).
- Juan Mantovani (profesor chileno /1950).
- Evelin Hansen (pianista norteamericano /1950).
- Sr. Paul Teyssier (experto del Gobierno Francés a la Conferencia Regional de La Unesco /1950).
- Mary McG. Shore (pintora estadounidense /1950).
- Luis Cernuda (poeta español /1951).
- Dr. Roberto William (científico descubridor de la vitamina B -1951).
- Chang Kun-I (pintora china /1952).
- Ciro Alegría (escritor, político y periodista peruano/ 1956)
- Gustavo Pittaluga (médico y científico italiano-español radicado en Cuba)
- Jenaro Artiles (político, profesor, archivero y bibliotecario español)
- Juan Chabás (escritor, critico e historiador español)
- Francisco Martínez Allende (actor, director de teatro y dramaturgo español)
- Mariano Ruiz-Funes (penalista y político español)
- Luis Jiménez de Asúa (jurista y político español)
- Federico de Onís, 1956 (profesor, filólogo, crítico literario e hispanista español)

- Carlos Enrique Paz Soldán (médico, historiador, periodista y docente universitario peruano)
- Luis Alberto Sánchez (escritor, abogado, historiador, periodista, crítico literario, traductor y político peruano)
- Claudio Sánchez Albornoz (historiador y político español)
- Hipólito Hidalgo de Caviedes (pintor, ilustrador y muralista español)
- José Antonio Encinas (educador y político peruano)
- Alberto Baeza Flores (poeta, escritor y periodista chileno)
- Mariano Picón Salas (escritor, diplomático y académico venezolano)
- Andrés Iduarte (ensayista mexicano, miembro correspondiente de la Academia Mexicana de la Lengua de Nueva York

ALGUNAS INSTITUCIONES CON LAS QUE COLABORÓ EL *LYCEUM*

1929

- El *Lyceum* de París.
- Liga Antituberculosa de las Damas Isabelinas

1930 -1931

- El *Kindergarten Musical*, director: César Pérez Sentenat
- La Revista Social.
- La Revista Mañana.
- Hospital de Maternidad Nacional.
- Instituto Arquitectónico de Cuba.
- Cárcel de Mujeres de Guanabacoa

1932-1936

- Escuela Normal de Música de La Habana.
- El Vedado *Music Studio*.
- Liga Contra el Cáncer.
- Asilos Correccionales de Guanajay y Aldecoa.
- Cooperación Nacional del Turismo.

- Federal Art Project of Washington.
- Círculo de Bellas Arte.
- Sociedad Colombista Panamericana.
- Orquesta de Cámara de La Habana.
- Sociedad de Cuartetos de La Habana.

1937-1941

- El Patronato de Artes Plásticas.
- Patronato de Bellas Artes.
- Club Rotario.
- Club de Leones.
- Sociedad Columbista Panamericana
- Teatro Auditórium.
- Centro Tecnológico Superior.
- Escuela Técnica Industrial de Mujeres.
- La Colonia Infantil de Hershey.
- El Fondo Cubano Americano de Socorro a los Aliados.
- Hospital Calixto García.
- Hospital de Maternidad Obrera.
- Asilo Varona Suárez para Ciegos.
- Hospital Infantil.
- *The New York School of Social Work.*
- Sociedad de Mujeres Universitarias.
- Asociación Bibliotecaria Cubana

1941-1945

- Escuelas Públicas y Privadas del Vedado.
- Seminario de Artes Dramáticas de la Universidad de La Habana.
- *The British Junior Unit.*
- Grupo de Renovación Musical.
- Universidad de La Habana.
- Hospital Mercedes.
- *Havana Business Academy.*
- Colegio Ariel.
- Instituto del Vedado.
- *Coordination Committe for Cuba.*
- Comisión Interamericana de Mujeres.
- Grupo Guamá.
- Unión de criadores Soller de Cuba (canarios).
- Escuela de Música Williams.
- *American Library Association*

1949-1951

- La Normal de Música de La Habana.
- La Unión Checoslovaca.
- ONU.
- Comisión Interamericana de Mujeres
- Comité Cubano de la Universidad Hebrea.

- Instituto Científico Weizman.
- Agrupación de Pintores y Escultores Cubanos APEC.
- Unión Panamericana, *Washington. D.C.*
- Museo de Arte Moderno de *Nueva York.*
- *The British Council.*
- Museo Nacional.
- Museo Montané de la Universidad de La Habana.
- Club de Jardinería de Cuba.
- Sociedad de Conciertos.
- Escuela de Canto Coral.
- Orquesta del Instituto Nacional de Música.
- Coral de las Juventudes de Acción Católica Cubana.
- Instituto Nacional de Música de Radio Centro.
- Orquesta Filarmónica.
- Banda Municipal de La Habana.
- Coral Dominicos Francesas.
- Coro del Instituto del Vedado.
- Comité Juvenil de la Orquesta Filarmónica de La Habana

1951-1953

- Escuela de Servicio Social de la Universidad de La Habana.
- El Patronato de Servicio Social.

- El Colegio de Trabajadores Sociales.
- La liga Contra el Cáncer.
- La Liga Antituberculosa.
- Cruz Roja.
- Sociedad Amigos de la Música.
- Sección Cubana de la Sociedad. Internacional Pro Música.
- Contemporánea.
- Sociedad Nuestro Tiempo.
- Museo de Arte Moderno de Nueva York.

1954

- Unión Femenina Iberoamericana.
- Asociación de Mujeres Universitarias de Cuba
- Club de Jardineras.
- Club de Mujeres Profesionales y de Negocios de la Habana.
- Comité Conjunto de Instituciones Cubanas.
- Sección de Bellas Artes del Liceo de Güines.
- Sociedad de Relaciones Culturales.
- Asilo y Creche del Vedado.
- Asociación de Damas Rotarias, Santiago de Cuba.
- Asociación Femenina Hebrea de Cuba.
- Asociación Nacional Cruz Blanca de la Paz, Habana.

- Casa Cultural de católicas y de las Damas Isabelinas.
- Comité de Damas Auxiliares del Hospital Infantil, Sgto. de Cuba.
- Comité de Damas Auxiliares del Hospital Saturnino Lora, Sgto. de Cuba.
- Comité de Damas Auxiliares del Hospital Universitario Gral. Calixto García.
- Gran Consejo de la Orden «Hijas de la Acacia».
- Federación Democrática de Mujeres Cubanas.
- Club Atenas.
- Comité de Señoras para la Protección de la Infancia en el Distrito de La Habana Nueva.
- Comité de Damas del *Lyceum* en el Hospital Mercedes.
- Matanzas *Tennis Club* y Mother's Club of Havana.
- Rama Caridad, Humanitaria del *Internacional Sunshine Society.*
- Patronato de Servicio Social de Cuba.
- Pro arte de Oriente.
- Sociedad de Damas Hebreas «La Buena Voluntad».
- Sociedad Filarmónica de Santiago de Cuba.
- Sociedad Universitaria de Bellas Artes.
- Sociedad de Artes y Letras Cubanas.
- Asociación Cubana de las Naciones Unidas.
- Sociedad Cubana de Hospitales.

Guía de nombres

A continuación, el lector encontrará un breve apunte biográfico de algunas de las personas que aparecen en el libro y que tuvieron vínculo con el El *Lyceum y Lawn Tennis Club*.

Abela, Eduardo (1891-1965)

Pintor y caricaturista cubano. Creador del personaje El Bobo. Autor de la obra Guajiros, paradigmática de la pintura cubana (pp. 61, 96, 112).

Agramonte, Roberto (Cuba 1904-Estados Unidos 1995)

Doctor en Filosofía y Letras, filósofo, sociólogo y político cubano. Se desempeñó como el primer ministro de Relaciones Exteriores de la Revolución Cubana entre el 6 de enero y el 12 de junio de 1959. Fue Decano de la Facultad de Filosofía y Letras y Rector de la Universidad de La Habana (pág. .132).

Ardévol, José (Barcelona 1911-La Habana 1981)

Compositor musical español. Desde 1930 fijó su residencia en La Habana (Cuba) adoptando la nacionalidad cubana. (pp. 15, 69, 72, 74, 75, 76, 78, 80, 167, 230).

Aguirre, Mirta (1912-1980)

Poetisa, crítico y ensayista cubana (pp.15, 39, 175, 191, 206).

Alberti, Rafael (1902-1999)

Escritor español, especialmente reconocido como poeta, miembro de la Generación del 27. Está considerado uno de los mayores literatos españoles de la llamada Edad de Plata de la literatura española (pp. 123, 175, 236).

Almendros, Herminio (España 1898-La Habana 1974)

Pedagogo, escritor español y padre del cineasta Néstor Almendros. Emigró a Cuba por su posición antifranquista (pág. 61, 237).

Altolaguirre, Manuel (1905-1959)

Figura destacada de la cultura española. Poeta, impresor y productor cinematográfico español; por su edad y sus afinidades estéticas está considerado como el poeta más joven de la Generación del 27 (pág. 100, 237).

André, Otilia

Maestra cubana, del mundo social de la época, entrevistó a Gabriela Mistral en Cuba (pág. 130, 152, 153, 191).

Antuña, Vicentina (1909-1993)

Pedagoga y filosofa. Ostentó distintos cargos tanto docentes como dirigen- tes en universidades cubanas (pp. 118, 136, 164, 166, 206, 232).

Arocena de Martínez Márquez, Berta (1901-1956)

Periodista, sufragista y activista feminista cubana. Fue una de las fundado- ras del *Lyceum* (pp. 20, 21, 24, 33, 34, 36, 72, 176, 191).

Arjona, Marta (1923-2006)

Artista plástica cubana. Estudió dibujo y modelado en la Escuela Nacional de Bellas Artes de San Alejandro en 1945 y posteriormente cerámica en la *École de Métiers d'Arts Appliqués* en París, Francia (pp.48, 192, 193, 206).

Ballagas, Emilio (1908-1954)

Poeta y ensayista cubano de reconocido prestigio en el ámbito literario del Siglo XX. Se le considera uno de los más excelentes cultivadores del Neo-romanticismo y de la poesía negrista en Cuba (123, 141, 175, 190, 229, 233).

Baralt Zacharie, Luis Alejandro (New York 1892-Illinois, EE. UU.) Dramaturgo, director de escena, profesor universitario, miembro de la Sociedad de Amigos de la República, es considerado uno de los grandes renovadores en el teatro y la escena cubana en la primera mitad del siglo XX (pág. 228).

Benjamín Caignet, Félix (1892-1976)
Escritor y autor musical cubano. Contribuyó con la música, la pintura, la literatura. Autor de la novela El derecho de nacer (pág 68).

Baños, Margot
Esposa del escritor, periodista, ensayista y filósofo cubano Jorge Mañach (pág. 32, 118).

Bermúdez, Cundo (La Habana 1914 - Miami 2008)
Reconocido pintor cubano, denominado el último maestro de la segunda generación de la vanguardia cubana del siglo XX (pp.61, 101, 102, 110).

Bisbé, Manuel (1906-1961)

Intelectual cubano, profesor universitario y diplomático. Doctor en Filosofía y Letras, Derecho Civil, Derecho Público y profesor de griego en la Universidad de La Habana (pp.132, 229).

Bovi, Arturo (Italia 1868-Cuba 1953)

Director de orquesta italiano que tuvo una fructífera estancia en Cuba entre 1912 y 1953 (pág. 73).

Bola de Nieve «Ignacio Villa» (Cuba 1911-México 1971)

Mas conocido como Bola de Nieve. Fue uno de los músicos más originales de la Isla de Cuba. Pianista, cantante y compositor. Formó parte de los mitos latinoamericanos del Siglo XX (pág. 67).

Borja, Esther (1913-2013)

Soprano cubana, considerada una de las principales voces de Cuba en el siglo XX y famosa por sus interpretaciones de la música de Ernesto Lecuona (pág. 67).

Boza Masvidal, Aurelio (1900-1959)

Escritor, investigador, profesor universitario cubano. Uno de los más importantes italianistas cubanos (pp.120, 132, 228, 229).

Burguete, Carmen

Cantante cubana de técnica vocal mezzosoprano. Ernesto Lecuona la incluyó en sus conciertos típicos y temporadas teatrales Lecuona le dedicó las canciones «Adiós, mi amor» y los pregones «El pirulero» y «El frutero». (pág. 66)

Cabrera, Onelia (1926-2012)

Destacada pedagoga musical cubana (pp.59, 64, 69, 74, 145, 157, 191, 192).

Cabrera, Lydia (La Habana1899-Miami 1991)

Destacada etnóloga, investigadora y narradora cubana. Sus estudios sobre la presencia y huellas de la cultura africana en la Isla en sus aspectos lingüísticos y antropológicos son de ineludible consulta (pp.109, 169).

Cabrera, Raimundo (1852-1923)

Ensayista, periodista, abogado y patriota. Fue una fi intelectual de primera importancia en la Cuba del siglo XIX. Padre de Lydia Cabrera (pág. 16, 17).

Caravia, Enrique (1905-1992)

Pintor cubano, mosaicista y grabador destacado. Retratista de mérito, creador de diversas composiciones pictóricas de fuerte colorido (pp. 93).

Cardoso, Onelio Jorge (1914-1986) Poeta y narrador cubano (pág. 14).

Carpentier, Alejo (1904-1980)

Uno de los grandes narradores y novelistas cubanos de todos los tiempos (pp.61, 79, 98, 99, 100, 230, 231, 232, 279).

Cerra, Mirta (1904-1986)

Artista cubana de la Plástica que desarrolla tendencias del naturalismo y el cubanismo. (pág. 61).

Castro Porta, Carmen (Neneína) (1908-1985) (pág. 189)

Chappotín, Isabel (1880-1964)

Escultora y profesora de las Artes Plásticas en Cuba (pág. 96).

Clemente Orozco, José (1883-1949)

Pintor muralista mexicano, es considerado el "Goya mexicano", Miembro fundador de El Colegio Nacional y Premio Nacional de Artes en 1946, practicó también el grabado y la litografía (pág. 101, 114).

Conrado Massaguer (1889-1965)

Dibujante cubano y caricaturista de muchas publicaciones cubanas y del mundo, se destacó como caricaturista político (pp. 90, 92, 96, 234).

Cuca Rivero (Juana Rivero Casteleiro)

Profesora y músico. A ella se debe el programa radial que llevó la enseñanza de la música a las escuelas primarias (pp. 74, 202, 285).

Cuevas, Ezequiel (La Palma, Tenerife 1889- La Habana, Cuba 1953) Guitarrista y figura notable dentro de los introductores –a principio del siglo XX en Cuba– de la escuela del maestro español Francisco Tárrega (pág. 74, 181).

Darié, Sandú (Rumania 1906- Cuba 1991)

Pintor, escultor, dibujante, ceramista, diseñador escénico y caricaturista naturalizado cubano (pág. 110).

De Soto, Luis (Puerto Rico, 1893- Cuba, 1955)

Profesor de Historia y Filosofía del Arte en la Universidad de La Habana, crítico de plástica y conferencista sobre los más diversos temas (pp. 141, 181, 229, 231, 233, 285).

Diego, Eliseo (Cuba 1920-México1994)

Poeta, escritor y ensayista cubano (pp. 61, 169, 235).

Echegoyen, Ana (1903-1970)

Personalidad de la educación en Cuba. Maestra Normalista, doctora en Pedagogía (pp. 54, 230, 286).

Entralgo, Elías (1903-1966)

Intelectual cubano. Historiador y pedagogo. Doctor en Derecho Civil, Derecho Público y Filosofía y Letras por la Universidad de La Habana (pp. 16, 141, 190, 229, 292, 230, 233).

Escalona, Dulce María (1901-1976)

Pedagoga cubana. En 1934 es nombrada directora de la Escuela Técnica Industrial (para hembras), de la Fundación Rosalía Abreu y ejerció como Profesora de Matemática (pp. 142, 143, 150, 229).

Espina, Concha (María de la Concepción Jesusa Basilisa Espina) (1869-1955)

Escritora española que fue candidata a miembro de la Real Academia Española en varias ocasiones y al Premio Nobel, recibió premios de gran talla como el Premio Fastenrath, el Premio Nacional de Literatura y el Premio "Miguel de Cervantes" de Periodismo (pp. 66, 236).

Fernández de Amado Blanco, Isabel (España 1910-Cuba 1999)

Se casó con Luis Amado Blanco en 1930, lo acompañó en su viaje a La Habana en 1934 y emigró con él a Cuba en 1936. Dirigió durante varios años la revista *Lyceum*, donde publicó ensayos relacionados con la moda, ocupó distintos cargos de dirección y llegó a ser presidenta en 1951-1952 (pp. 164, 165, 234).

Fernández Morrell, Luisa (1897-1952)

Pintora cubana, profesora de la Academia Nacional de Bellas Artes San Alejandro (pág. 93).

Fernández Retamar, Roberto (1930)

Poeta, ensayista y promotor cultural cubano (pp. 169, 234).

Ferrant, Concha (1882-1968)

Pintora cubana, una de las más insignes creadoras del siglo XX (pág. 103).

Freyre de Andrade, María Teresa (1896-1975)

Fundadora de la bibliotecología cubana; bibliógrafa y bibliotecaria de la Biblioteca Nacional José Martí En el año 1948 se crea la organización que agrupa a todos los bibliotecarios del país, en una reunión celebrada en los salones del *Lyceum Lawn Tennis Club* la Dra. María Teresa Freyre de Andrade hace la propuesta de crear la Asociación Cubana de Bibliotecarios, en honor de Marieta Daniels, de la Biblioteca del Congreso de Washington (pp. 134, 137, 139, 144, 145, 149, 150).

Gallegos, Rómulo (1884-1969)

Escritor, educador, periodista, político venezolano y presidente de la República. Considerado uno de los innovadores de la narrativa hispanoamericana del Siglo XX (pp. 169, 238).

García Caturla, Alejandro (1906-1940)

Compositor cubano, considerado junto a Amadeo Roldán, el pionero de la moderna música sinfónica cubana (pp. 15, 69, 71, 72, 73, 75, 78).

García Marruz, Fina (1923-2022)

Poetisa, ensayista, investigadora y crítica literaria cubana. Compañera de vida de Cintio Vitier (pp. 141).

García Tudurí, Mercedes (1904-1997)

Educadora, poeta y filósofa cubana (pp. 16, 152, 164, 166, 230, 233).

Garay, Sindo (Antonio Gumersindo Garay y García) (1867-1968)

Músico cubano que, aun sin contar con formación académica, supo ganarse un sobresaliente lugar en la trova tradicional. Creador de más de 600 obras que retratan la idiosincrasia cubana (pág. 66).

Gómez Sicre, José (Cuba, 1916- EE.UU., 1991) abogado cubano, escritor y crítico de arte (pp. 90, 99, 100, 102, 106, 174).

Gramatges, Harold (1918-2008)
Compositor cubano, pianista y profesor (pp. 63, 69, 77, 78, 80, 121, 280, 284).

Grenet, Emilio (1901-1941)
Compositor y pianista. En 1939 publicó su libro Música popular cubana, donde hace un panorama de lo más significativa creación musical de esos años, precedido de un serio estudio sobre la música de Cuba (pp.67, 70).

Guanche, Carmelina
Una de las fundadoras de las fundadoras del *Lyceum* and *Lawn Tennis Club* (pp. 24, 32, 162).

Guillén, Nicolás (1901-1989)
Poeta cubano. En 1961 fue nombrado presidente de la Unión Nacional de Escritores y Artistas de Cuba (pág 34, 67, 175, 232, 284).

Gutiérrez, Rebeca

Una de las 14 fundadoras del *Lyceum* and *Lawn Tennis Club* (pp. 24, 164, 165, 190).

Hernández Catá, Alfonso (España, 1885-Brasil, 1940)

Narrador, periodista, ensayista y diplomático. Uno de los mejores escritores cubanos de la primera generación republicana. Murió en un accidente de aviación cuando sobrevolaba la Bahía de Botafogo, en Río de Janeiro, Brasil (pp. 120, 228).

Hernández, Gisela (1912-1971)

Compositora, pedagoga, directora coral e investigadora cubana (pp. 74, 78).

Henríquez Ureña, Camila (1894-1973)

Nace en República Dominicana. Hija de los prominentes intelectuales Francisco Henríquez y Carvajal y Salomé Ureña de Henríquez, Camila se nutrió de un ambiente familiar de literatos, pensadores y educadores. A los nueve años se trasladó con su familia a Cuba, donde en 1926 adoptó la ciudadanía cubana. doctora en Filosofía y Letras, doctora en Pedagogía, profesora emérita de la

Universidad de La Habana, crítica literaria (pp. 40, 61, 120, 132, 164, 165, 167, 170, 189, 190, 191, 230, 232, 233, 25, 280).

Henríquez Ureña, Max (1885-1968)

Fue un escritor, poeta, profesor y diplomático dominicano (pp. 41, 136, 223, 231, 234).

Jilguero de Cienfuegos "Inocencio Iznaga" (1930-2012)

Escritor, poeta e intérprete del punto guajiro y de la música campesina cubana (pág.191).

Jiménez, José Manuel "Lico Jiménez" (Cuba, 1851-Alemania, 1917) Virtuoso pianista, concertista, pedagogo y eminente compositor cubano y universal (pág. 68).

Jiménez, Juan Ramón (España, 1881-Puerto Rico, 1958)

Relevante figura de las letras hispanas. Premio Nobel de Literatura, (1952). Su lírica evolucionó desde las últimas derivaciones del modernismo hacia una poesía a la vez emotiva e intelectualista (pp. 169, 175, 236).

Lam, Wifredo (Cuba, 1902- Francia, 1982)

El más universal de los pintores cubanos. Introdujo la cultura negra en la pintura cubana y desarrolló una renovadora obra que integra elementos de origen africano y chino presentes en Cuba (pp. 104, 109).

Lamarque, María Josefa (1893-1975)

Pintora cubana que integró el grupo de los pintores de vanguardia en la primera mitad del siglo XX (pp.91, 93).

Lamar, Hortensia

Feminista y luchadora social cubana, fundadora del Club Femenino de Cuba (1918) (pp. 152, 187, 191, 288).

Lautrec, Toulouse (1864-1901)

Pintor y cartelista francés. Además, destaca por la representación de la vida nocturna parisina de finales del siglo XIX (pp. 100, 114).

Lazo, Raimundo (1904-1976)

Doctor en Derecho civil, Filosofía y Letras, Profesor de Gramática española. Profesor de Lengua y Literatura del

Instituto de Segunda Enseñanza de Camagüey. Profesor ensayista crítico Literario (pp. 167, 179, 230, 234, 235).

Lecuona, Ernesto (1895-1963)

Compositor y pianista. Es considerado un músico excepcional y el compositor cubano más difundido en el mundo, no sólo por la cantidad de obras preparadas, sino además por su calidad (pp. 66, 67, 70, 252).

Lecuona, Margarita (Cuba, 1910- EE.UU., 1981)

Compositora y cantante cubana de grandes éxitos en la primera mitad del siglo XX, primeramente, radicada en Argentina y luego en Estados Unidos (pág. 67).

León, Argeliers (1918-1991)

Musicólogo y compositor cubano, estudioso de la música folklórica (pp.69, 75).

Lima, Lezama José (1910-1991)

Escritor cubano que, aunque se dedicó sobre todo a la poesía y al ensayo, se le recuerda sobre todo por su faceta de novelista, en concreto por su obra Paradiso. considerado uno de los autores más importantes de la

Literatura Hispanoamericana (pp. 61, 123, 231, 233, 234, 235).

Lobo, Julio (Venezuela, 1898- España, 1983)

Empresario y hacendado azucarero. Corredor azucarero del mundo e indiscutible autoridad internacional en el sector, al punto de nombrarle "El Rey del azúcar en Cuba" (pág. 143).

Longa, Rita (1912-2000)

Escultora cubana. Sus obras eran fundamentalmente de bronce, mármol y madera (pp. 96, 102, 208).

López de Miles, Ada

Graduada de trabajo social en 1944, profesora de Servicio Social en la Escuela de Servicio Social, La Habana. Fue becada en la Escuela de Trabajo Social de Nueva York, en la Universidad de Columbia, donde se graduó de Licenciada en Ciencias de Trabajo Social (pp.53, 286).

Loynaz, Dulce María (1902-1997)

Escritora cubana galardonada con el Premio Nacional de Literatura, y con el Premio Miguel de Cervantes en 1992 (pp. 169, 175).

Machado, Luis (1899-1979)

Especialista cubano en derecho internacional, economía y problemas monetarios (pág. 16).

Madera, Gilma (1915-2000)

Escultora cubana, autora del Cristo de La Habana (pág. 96).

Maribona, Armando (1894-1964)

Pintor, retratista, caricaturista, escritor, periodista, urbanista y profesor destacado de la Escuela Elemental Anexa a San Alejandro (pp.31, 33, 94, 284).

Marinello, Juan (1898-1977)

Poeta, ensayista, periodista, crítico literario y político cubano (pp. 90, 97, 99, 169, 229, 230, 232, 233, 285).

Mañach, Jorge (1898-1961)

Escritor, periodista, ensayista y filósofo cubano, autor de una biografía de José Martí y de numerosos ensayos filosóficos (pp. 16, 25, 32, 33, 55, 61, 63, 90, 94, 99, 106, 118, 141, 169, 228, 230, 231, 232, 234, 250, 284).

Mañas, Uldarica (1905-1985)

Fue una de las directoras junto a Camila Henríquez Ureña de la revista oficial del *Lyceum* y representante de Cuba en la *Commission on the Status of Women* en las Naciones Unidas (1953), sino además colaboradora de la revista Social y fundadora del Club Fotográfico de Cuba. Uldarica Mañas fue designada Vocal del Club en el Acta de Constitución de la Asociación Fotográfica de Cuba en 1935 (pág. 119).

Maza, Piedad (1901)

Profesora cubana, fue miembro del *Lyceum Lawn Tennis Club*, del Instituto Hispano Cubana de Cultura, la Federación de Doctores en Pedagogía, Federación de Doctores en Ciencias y Filosofía (pp.152, 164, 165).

Mechelaere, Leo (1880-1964) Pintor belga (pág. 97, 237).

Mederos, Elena (1900-1981)

Elena Inés Mederos y Cabañas de González fue una defensora de los derechos humanos y activista a favor de los derechos de las mujeres, feminista y reformista social cubana. Fue la primera ministra de Bienestar Social de Cuba, y es considerada "la mujer cubana más prominente del siglo XX (pp.19, 28, 30, 32, 45, 95, 126, 130, 139, 152, 153, 155, 161, 206, 284).

Mederos, Lilliam (1899)

Destacada arquitecta cubana del período republicano. En su obra se cuenta el edificio para el *Lyceum Lawn Tennis Club* en Calzada y 8, Vedado (pp. 24, 25, 45, 88).

Méndez Capote, Renée (1901-1989)

Escritora, ensayista, periodista, traductora, sufragista y activista feminista cubana. Cultivó la literatura infantil, el cuento, el ensayo y el género auto- biográfico (pp. 23, 24, 34, 39, 118, 134, 191, 208).

Méndez Capote, Sara

Escritora, poetisa, traductora, sufragista y activista feminista cubana. Fue hermana de la también escritora Renée Méndez Capote (pág. 24, 64).

Miró, Joan (1893-1983)

Pintor, escultor, grabador y ceramista español, considerado uno de los máximos representantes del surrealismo (pp. 100, 114).

Mistral, Gabriela (1889-1957)

Seudónimo de Lucila de María del Perpetuo Socorro Godoy Alcayaga. Fue una poetisa, diplomática y pedagoga chilena. Una de las principales figuras de la poesía y literatura chilena y latinoamericana, fue la primera iberoamericana premiada con el Nobel ganó el de Literatura en 1945 (pp. 66, 169, 175, 236, 249).

Novás Calvo, Lino (España 1903- EE. UU. 1983)

Una de las figuras capitales de la narrativa cubana. También periodista, ensayista, poeta, crítico literario, dramaturgo, traductor y profesor de idiomas. Autor de la novela Pedro Blanco el Negrero, obra precursora de la vanguardia literaria latinoamericana. Su cuento La noche de Ramón Yendía, es uno de los textos antológicos de la narrativa cubana de todos los tiempos (pp. 14, 234).

Novoa, Rosario (1905-2002)

Profesora de Mérito de la Universidad de La Habana, doctora en Filosofía y Letras y en Pedagogía, doctora en Ciencias Pedagógicas, profesora consultante y titular de la Facultad de Artes y Letras. Escritora (pp. 61, 112, 132, 181, 210, 230, 231).

Núñez, Serafina (1913-2006)

Poetisa cubana. Recibió en 1995 el Premio Nacional de la Crítica Literaria. Su primer libro se publicó por el aporte económico del Premio Nobel español Juan Ramón Jiménez. Es una de las voces femeninas más poderosas y representativas de la lírica cubana del siglo XX, sin embargo, su obra resulta aún poco atendida por la crítica (pág. 175).

Ortiz, Fernando (1881-1969)

Antropólogo, jurista, arqueólogo y periodista. Estudioso de las raíces histórico-culturales afrocubanas. Criminólogo, etnólogo, lingüista, musicólogo, folklorista, economista, historiador y geógrafo (pp. 106, 120, 180, 228, 229).

Parajón, Mario (1929-2006)

Actor, dramaturgo, asesor teatral, director artístico, profesor de la historia del teatro y renombrado crítico de origen cubano (pp. 61, 134, 152, 164, 235).

Peláez, Amelia (1897-1968)

Artista plástica cubana reconocida tanto en el ámbito nacional como internacional (pp. 61, 93, 102, 112).

Pelayo Pelayo, Aida (1912-1998)

Pedagoga cubana. Fundadora del Frente Cívico de Mujeres Martianas (pp. 189, 190).

Pérez de Cisneros, Guy (Francia, 1915-Cuba, 1953)

Una de las figuras principales de la crítica de arte en la primera mitad del Siglo XX cubano. Doctor en Filosofía y Letras y Derecho Diplomático. Graduado de periodismo (pp. 79, 96, 97, 103, 106, 231, 232).

Pérez Sentenat, César (1896-1973)

Pianista y compositor. Pedagogo de prestigio (pp. 66, 75, 232, 241, 270).

Pichardo, Hortensia (1904-2001)

Doctora en Ciencias Históricas, doctora en Pedagogía y en Filosofía y Letras, profesora de mérito de la Universidad de La Habana, maestra normalista, especialista en Ciencias Geográfico-Históricas (pág. 141).

Piñera, Walfredo (1930-2013) Crítico cinematográfico (Pág. 177).

Poncet, Carolina (1879-1969)

Profesora Emérita, formadora de maestros en la especialidad de Lengua española y literatura (pp. 164, 165, 189).

Portocarrero, René (1912- 1985)

Pintor cubano. Considerado una de las figuras más destacadas de la plástica cubana y uno de los principales artistas del siglo XX en Cuba (pp. 61, 93, 98, 102, 110).

Portuondo, Fernando (1903-1975) pedagogo e historiador cubano (pág. 141).

Portuondo, José Antonio (1911-1996)

Profesor, crítico, ensayista e historiador literario (pp.14, 16, 230, 231, 233, 280).

Quevedo, Antonio (1888-1977)

Arquitecto, crítico musical y eficiente colaborador cultural. Desde 1919 vivió en Cuba. Abandonó su profesión de ingeniero para hacer actividad laboral musical y artística. Casado con María Muñoz, fundó con ella la importante revista Musicalia (1928). (pp. 61, 235)

Reder, Bernard (1897-1963)

Artista, escultor, grabador y arquitecto checo (pp. 98, 114, 237).

Revuelta, Nati (1925-2015)

Fundadora del Frente Cívico de Mujeres Martianas. (1952-1959) (pp.9, 192, 193, 207, 285).

Noble, Enrique

Estudioso de la cultura afrocubana, escritor (pág.14).

Rexach, Rosario (1912-2003)

Escritora, ensayista, promotora cultural, presidenta del *Lyceum y Lawn Tennis Club* (pp. 37, 48, 63, 118, 233, 234).

Rivera, Zoia

Licenciada en Bibliotecología y Ciencia de la Información. Máster en Comunicación. Profesora Auxiliar. Bibliotecología y Ciencia de la Información. Facultad de Comunicación. Universidad de La Habana (pág. 142, 144).

Robes, Raquel

Docente, bibliotecóloga (pág. 139).

Rodríguez Columbié, María Luisa (1915-?)

Fue delegada por la escuela de filosofía y letras al Tercer Congreso Nacional Femenino, La Habana, 1939. Graduada en filosofía y letras en 1941. Durante 15 años, dedicó grandes esfuerzos al empeño cultural y social de la Sociedad Femenina *Lyceum*. La vocalía de conferencia fue su primordial actuación, así como presidenta y vicepresidenta en dos ocasiones (pp. 61, 77, 81, 118, 123, 193, 194, 293).

Roig de Leuchsenring, Emilio (1889-1964)

Historiador cubano, el primer historiador de la ciudad de La Habana (pp. 16, 230, 231).

Roldán, Amadeo (Francia, 1900- Cuba,1938)

Compositor, director de orquesta y pianista cubano. Fue iniciador del moderno arte sinfónico en Cuba, el primer músico cubano que incorporó los instrumentos afrocubanos, no como simple acompañamiento, sino como elemento protagónico y constructivo de la obra musical; el primero en representar gráficamente los ritmos propios de esos instrumentos de percusión con todas sus posibilidades técnicas (pp. 15, 71, 73, 75, 78, 258, 280).

Romero de Nicola, Clara (1888-1951)

Guitarrista y profesora. Fue fundadora de la moderna escuela cubana de guitarra (pp. 74, 77).

Ruiz de Espadero, Nicolás (1832-1890)

Compositor, pianista y profesor. Uno de los músicos cubanos más relevantes del siglo XIX (pág. 67).

Saborit, Eduardo (1911-1963)

Guitarrista y compositor cubano (pág. 69).

Salinas, Pedro (1891-1951)

Escritor español conocido sobre todo por su poesía y ensayos. Dentro del contexto de la Generación del 27 se le considera uno de sus mayores poetas (pág. 169).

Solís, Uver (1923-1974)

Artista plástica cubana (pág. 110)

Suárez Solís, Rafael (España, 1881, Cuba, 1968)

Escritor, articulista, novelista y dramaturgo español. Emigró a Cuba en 1907, donde colaboró y dirigió varios periódicos (pp. 23, 32, 123, 285).

Turina, Joaquín (1882-1949)

Fue un célebre compositor español y destacado representante del nacionalismo musical en la primera mitad del siglo XX (pp. 72, 79, 236).

Urrutia, Gustavo (1881-1958)

Fue un ensayista, arquitecto y escritor cubano de raza negra, uno de los primeros en abordar los problemas del negro cubano. Fue editor del *Diario de la Marina* (pág. 32).

Valdés, Carmen (1915-1987) Musicóloga y profesora cubana (pág. 145).

Valderrama, Esteban (1892-1964)

Creador academicista en el campo de las Artes Plásticas, en géneros como el paisaje, retratos de grupo o individuales, esculturas, en los que se acerca a personajes más cotidianos. Doctor en las facultades de Pedagogía y Filosofía y Letras de la Universidad de La Habana, profesor, director en tres periodos distintos de la Escuela de Artes Plásticas San Alejandro (pp. 93).

Valdés, Gilberto (1905-1972)

Destacado compositor y director de orquesta cubano de música popular y de concierto (pág.67).

Vega, Justo (1909-1993)

Fue uno de los repentistas estelares en el pie forzado en el punto campesino en Cuba (pag 191).

Vitier, Cintio (1921-2009)

Fue un narrador, ensayista y crítico cubano. Considerado la gran figura de la crítica erudita cubana. Dueño de una poesía de las más complejas de las letras hispanas, y dueño de una prosa exquisita (pp. 61, 233, 235, 258).

Vitier, Medardo (1886-1960)

Pedagogo y político cubano (pp. 16, 165, 168, 229, 230, 231, 233, 234).

Vossler, Karl (1872-1949)

Fue un lingüista, profesor romanista e hispanista alemán, creador de las escuelas del Idealismo lingüístico y la Estilística (pp. 169, 180).

Zambrano, María (1904-1991)

Fue una pensadora, filósofa y ensayista española (pp. 169, 236, 237, 238).

BIBLIOGRAFÍA

Álvarez Álvarez, Luis y Juan Francisco Ramos Rico. *Circunvalar el arte*. Editorial Oriente, 2003

Aballí Arellano, Dr. Ángel Arturo. *Cuadernos de historia de la salud pública. SCIELO.: 93. http://scielo.sld.cu/scielo.*

Arrufat, Antón. *El eterno principiante.* www.habanaradio.cu.

Antuña, Vicentina. «El *Lyceum*». Revista *Lyceum* (La Habana) 11(37): 7-31, feb. 1954.

----------: «*Lyceum y Lawn Tennis Club*». *Revista de La Habana* (La Habana) 2(3): 291-295, nov.1942.

ArdévoL, José. *Música y revolución*. La Habana, Ediciones Unión, 1966.

-----------: «Introducción a Cuba». *La Música*. La Habana, [s.e.], 1969.

Arjona, Martha. La entrevista fue realizada por Whigman Montoya Deler. Ciudad de La Habana, 26 enero 2006: 11:30 a.m. La entrevistada expuso como ceramista en esta institución. La cita se efectuó en el Centro Nacional de Patrimonio. La grabación en colección privada del autor.

Borrero, Ana María: «Qué sabemos acerca de *Lyceum y Lawn Tennis Club*». *Revista de La Habana*, año III, T. VI, No. 36, agosto 1945, p. 568-578

Cabrera Lomo, Onelia. La entrevista fue realizada por Whigman Montoya Deler. Ciudad de La Habana. La misma se efectuó en casa de la entrevistada. La grabación en colección privada del autor.

Carpentier, Alejo. *La música en Cuba*. Ciudad La Habana. Editorial Pueblo y Educación, 1989.

Cuba en la Mano. *Enciclopedia Popular Ilustrada.* Pról. de Esteban Roldán Oliarte. La Habana [s.e.] [s.f.]

Díaz, Clara. José Ardévol. *Correspondencia cruzada.* La Habana, Editorial Letras Cubanas, 2004

Fernández, Pilar y Luz Merino. «Arte: Cuba República». *Selección de lecturas.* Ciudad de La Habana [s.e.], 1987

Fundación de la Sociedad Nuestro Tiempo. www. cubaliteraria.com

González Pagés, Julio C. «En busca de un espacio». Historia de mujeres. www.cubaliteraria.com.

Gramatges Harold. Entrevista realizada por Whigman Montoya Deler. Ciudad de La Habana. La misma se efectuó en casa del entrevistado el día 7 de abril del 2006, 10:30 am. La grabación en colección privada del autor.

Guerra, Ramiro. «La Historia en marcha». *Diario de la Marina,* 27 de febrero, 1949

Henríquez Ureña, Camila. «La mujer y la cultura». *Lyceum,* vol. IV, No. 13 enero-febrero-marzo, 1939. pp. 27-35.

Hernández Figueroa, José R. «En el aniversario del *Lyceum*». El Mundo, febrero de 1949.

Ichaso, Francisco. «Juventud y madurez del *Lyceum*». *Diario de la Marina,* 20 de febrero, 1949

Instituto de Historia de Cuba. Historia de Cuba. La *Neocolonia; organización y crisis desde 1899 hasta 1940.* La Habana, Editora Política, 1998

Instituto de Literatura y Lingüística de la Academia de Ciencias de Cuba. *Diccionario de Literatura Cubana.* Pról. José Antonio Portuondo. La Habana, Editorial Letras Cubanas, 1980, 2 Tomos

Lauderman, Gladys. «La mujer en la plástica cubana.» *El País*, 3 de marzo, 1949

Lazcano, Dayilién. «*Lyceum Lawn Tennis Club* en la bibliotecología cubana». (Sin editar) Formato Digital

Linares, María Teresa. Entrevista realizada por Whigman Montoya Deler. Ciudad de La Habana. La entrevista se efectuó en casa de la entrevistada. La grabación en colección privada del autor.

Lizaso, Félix. «Panorama de la cultura cubana». México, Fondo de Cultura Económica, 1949.

Los poetas de ayer visto por los poetas de hoy,.www.cubaliteraria.com/autor/virgilio_pinnera/cronologia.ht m

Lyceum. Memoria *Lyceum* 1929. La Habana: [s.n.]

--------- Memoria *Lyceum* 1930-1931. La Habana: [s.n.]

--------- Memoria *Lyceum* 1932-1933. La Habana: [s.n.]

--------- Memoria *Lyceum* 1933-1934. La Habana: [s.n.]

--------- Memoria *Lyceum* 1935-1936. La Habana: [s.n.]

--------- Memoria *Lyceum* 1937-1939. La Habana: [s.n.].

--------- *Lyceum*. Vol. I, no. 1, febrero. La Habana: 1936.

--------- *Lyceum*. Vol. I, no. 2, mayo. La Habana: 1936.

--------- *Lyceum*. Vol. I, no.3, agosto. La Habana: 1936.

--------- *Lyceum*. Vol. I, no. 4, diciembre. La Habana: 1936.

--------- *Lyceum*. Vol. II, nos. 5 y 6, marzo-junio. La Habana: 1937.

--------- *Lyceum*. Vol. II, no. 7, septiembre. La Habana: 1937.

--------- *Lyceum*. Vol. II, no. 8, diciembre. La Habana: 1937

--------- *Lyceum*. Vol. III, nos. 9 y 10, marzo-junio. La Habana: 1938

--------- *Lyceum*. Vol. III, nos. 11 y 12 septiembre- diciembre. La Habana: 1938.

--------- *Lyceum*. Vol. IV, no. 13, enero-febrero-marzo. La Habana: 1939.

Lyceum y Lawn Tennis Club. Memoria 1939-1941. La Habana: [s.n.]

---------- *Memoria* 1941-1943. La Habana: [s.n.]

---------- *Memoria* 1943-1945. La Habana: [s.n.]

---------- *Memoria* 1949-1951. La Habana: [s.n.]

----------- *Memoria* 1951-1953. La Habana: [s.n.]

----------- Revista *Lyceum*. Vol. IV, no. 14, abril-mayo-junio. La Habana: 1939.

----------- Revista *Lyceum*. Vol. IV, nos. 15 y 16, julio- agosto-septiembre. La Habana: 1939.

----------- Revista *Lyceum*. Vol. V, no. 17, febrero. La Habana: 1949.

----------- Revista *Lyceum*. Vol. V, no. 18, mayo. La Habana: 1949.

----------- Revista *Lyceum*. Vol. V, no. 19, agosto. La Habana: 1949.

----------- Revista *Lyceum*. Vol. V, no. 20, noviembre. La Habana: 1949.

---------- Revista *Lyceum*. Vol. VI, no. 21, febrero. La Habana: 1950.

---------- Revista *Lyceum*. Vol. VI, no. 22, mayo, 1950.

---------- Revista *Lyceum*. VoL. VI, No. 23, AgoSTo. La Habana: 1950.

--------- Revista *Lyceum*. Vol. VI, no. 24, noviembre. La Habana: 1950.

---------- Revista *Lyceum*. Vol. VII, no. 25, febrero. La Habana: 1951.

---------- Revista *Lyceum*. Vol. VIII, no. 26, mayo. La Habana: 1951.

---------- Revista *Lyceum*. Vol. VIII, no. 27, agosto. La Habana: 1951.

---------- Revista *Lyceum*. Vol. VII, no. 28, noviembre. La Habana: 1951.

---------- Revista *Lyceum*. Vol. VIII, no. 29, febrero. La Habana: 1952.

--------- Revista *Lyceum*. Vol. VIII, no. 30, mayo. La Habana: 1952.

---------- Revista *Lyceum*. Vol. VIII, no. 31, agosto. La Habana: 1952.

---------- Revista *Lyceum*. Vol. VIII, no. 32, noviembre. La Habana: 1952.

---------- Revista *Lyceum*. Vol. IX, nos. 33 y 34, febrero-mayo. La Habana: 1953.

---------- Revista *Lyceum*. Vol. X, no. 35, agosto. La Habana: 1953.

---------- Revista *Lyceum*. Vol. X, no. 36, noviembre. La Habana: 1953.

---------- Revista *Lyceum*. Separata, no. 37. La Habana: 1953.

---------- Revista *Lyceum*. Vol. XI, no. 37, febrero. La Habana: 1954.

---------- Revista *Lyceum*. Vol. XI, no. 38, mayo. La Habana: 1954.

---------- Revista *Lyceum*. Vol. XI, no. 39, agosto. La Habana: 1954.

---------- Revista *Lyceum*. Vol. XII, no. 40, noviembre. La Habana: 1955.

---------- Revista *Lyceum*. Vol. XII, no. 41, febrero. La Habana: 1955.

Mañach, Jorge. «El *Lyceum* y la conciencia nacional». Revista *Lyceum* (La Habana) 11(37): 75-90, feb. 1954.

Maribona, Armando. «La mujer cubana, la cultura, la sociedad y el *Lyceum*». *Diario de la Marina*, 4 de marzo, 1949.

Mederos, Elena. «El *Lyceum* y su mundo interior». Revista *Lyceum* (La Habana) 11(37): 32-47, feb. 1954.

Mena Lozano, Ursula y Ana Rosa Herrera Campillo. *Políticas culturales en Colombia*. Colombia. Editorial Nomos S.A.

Núñez Jauma, Norberto. «Harold Gramatges». www. lajiribilla.cu

Pérez Heredia, Alexander. *Epistolario de Nicolás Guillén*.

La Habana, Editorial Letras Cubanas, 2002

Pittaluga, Gustavo. *Diálogos sobre el destino*, 3ra edición. La Habana, Editorial Isla S.A., [s.f.]

---------- «El *Lyceum* y la vida espiritual de la mujer». Revista *Lyceum* (La Habana) 11(37): 32-47, feb. 1954

Pogolotti, Marcelo. *La República de Cuba a través de sus escritores*. La Habana, Editorial Letras Cubanas, 2002

Portal del, Herminia. «Celebra sociedad *Lyceum* en el vigésimo aniversario de su fundación». *El País*

Revuelta, Naty. Entrevista realizada por Whigman Montoya Deler. Ciudad de La Habana, 7 de enero, 2006, 01:00 p.m. La cita se efectuó en casa de la entrevistada. La grabación en colección privada del autor

Repertorio Artístico del Teatro Nacional de Cuba, en www.cniae.cult.cu.

Repilado, Ricardo. *Metodología de la investigación bibliográfica*. Ciudad de la Habana, Editorial Pueblo y Educación, 1982

Rivero, Cuca. Entrevista realizada por Whigman Montoya Deler. Ciudad de la Habana, 25 de enero, 2006, 11:30 a.m. La cita se efectuó en casa de la entrevistada. La grabación en colección privada del autor.

Soto de, Luis. «Las exposiciones del *Lyceum*: cinco lustros al servicio de la cultura». Revista *Lyceum* (La Habana) 11(37): 95-98, feb. 1954

Suárez Díaz, Ana. *Cada tiempo trae una faena*; «selección de correspondencia de Juan Marinello Vidaurreta 1923– 1940». Ciudad de La Habana, Editorial José Martí, 2004

Suárez Solís, Rafael. «El *Lyceum* y su aportación a la cultura». Revista *Lyceum* (La Habana) 11(37): 48-59, feb. 1954

Valdés, Alicia. «Con música, textos y presencia de mujer». *Diccionario de mujeres notables en la música cubana*. Ciudad de la Habana, Ediciones Unión, 2005

Vérez de Peraza, Elena Luisa. *Publicaciones de las instituciones culturales cubanas*. 2da. Edición. La Habana 1954. [s.e.]

Viciedo Valdés, Miguel. «La biblioteca pública cubana en el período de 1959 –1989». www.bvs.sld.cu.

Yañez, Mirta. *Camila y Camila*. Ciudad de la Habana, Editorial La Memoria, 2003

- Documentos
- Anuncios del Grupo de Teatro Prometeo en los salones del *Lyceum*, 14 noviembre, 1948, en colección privada del autor.
- Anuncios del Grupo de Teatro Prometeo en los salones del *Lyceum*, 10 septiembre, 1949, en colección privada del autor.
- Anuncios del Grupo de Teatro Prometeo en los salones del *Lyceum*, 19 junio, 1949, en colección privada del Autor.
- Estatutos del Patronato de Servicio Social del *Lyceum*.[s.p.i.]*http://www.library.miami.edu/ umcuban/cuban.html/*
- Planos del *Lyceum*, Expediente 18382. En Instituto de Planificación Física de Ciudad de La Habana. Mayo 1941.
- Planos del *Lyceum*, Expediente 24691. En Instituto de Planificación Física de Ciudad de La Habana. Octubre 1941.
- Hacia una campaña de alfabetización. Entrevista realizada a Ana Echegoyen por la reportera de Mujeres Cubanas, s.f., p.4, en Archivo *Lyceum* de la BNJM.
- López de Miles, Ada: Carta de agradecimiento por la entrega de placa de plata por los veinticinco años del *Lyceum*, 22 febrero, 1954, en Archivo *Lyceum* de la BNJM.
- López de Miles, Ada: Carta de invitación a la reunión de asociaciones femeninas, 18 enero, 1954, en Archivo *Lyceum* de la BNJM.
- *Lyceum y Lawn Tennis Club*: Programa General, julio 1948, en *http://www.library.miami.edu/umcuban/ cuban.html/*

- Programa General, agosto 1948, en *http://www.library.miami.edu/umcuban/cuban.html/*
- Programa General, mayo 1952, en *http://www.library.miami.edu/umcuban/cuban.html*
- Programa General, mayo 1956, en *http://www.library.miami.edu/umcuban/cuban.html*
- Programa General, enero 1958, en *http://www.library.miami.edu/umcuban/cuban.html*
- Programa General, marzo 1958, en *http://www.library.miami.edu/umcuban/cuban.html*
- Programa General, julio 1958, en *http://www.library.miami.edu/umcuban/cuban.html*
- Programa General, agosto 1958 en *http://www.library.miami.edu/umcuban/cuban.htm*
- Programa General, septiembre 1958, en *http://www.library.miami.edu/umcuban/cuban.html*
- Programa General, octubre 1958, en *http://www.library.miami.edu/umcuban/cuban.html*
- Programa General, diciembre 1958, en *http://www.library.miami.edu/umcuban/cuban.html*
- Programa General, enero 1959, en *http://www.library.miami.edu/umcuban/cuban.html*
- Programa General, febrero 1959, en *http://www.library.miami.edu/umcuban/cuban.html*
- Programa General, marzo 1959 en *http://www.library.miami.edu/umcuban/cuban.html*
- Programa General, abril 1959, en *http://www.library.miami.edu/umcuban/cuban.html*
- Programa General, mayo 1959, en *http://www.library.miami.edu/umcuban/cuban.html*
- Programa General, junio 1959, en *http://www.library.miami.edu/umcuban/cuban.html*

- Programa General, julio 1959, en *http://www.library.miami.edu/umcuban/cuban.html*
- Programa General, agosto 1959, en *http://www.library.miami.edu/umcuban/cuba*

- Programa General, septiembre 1959, en *http://www.library.miami.edu/umcuban/cuban.html*
- Programa General, octubre 1959, en *http://www.library.miami.edu/umcuban/cuban.html*
- Programa General, noviembre 1959, en *http://www.library.miami.edu/umcuban/cuban.html*
- Programa General, diciembre 1959, en *http://www.library.miami.edu/umcuban/cuban.html*
- Programa General, enero 1960, en *http://www.library.miami.edu/umcuban/cuban.html*
- Programa General, febrero 1960, en *http://www.library.miami.edu/umcuban/cuban.html*
- Programa General, marzo 1960, en *http://www.library.miami.edu/umcuban/cuban.html*
- Programa General, abril 1960, en *http://www.library.miami.edu/umcuban/cuban.html*
- Programa General, mayo 1960, en *http://www.library.miami.edu/umcuban/cuban.html*
- Programa General, junio 1960, en *http://www.library.miami.edu/umcuban/cuban.html*
- Programa General, julio, 1960, en *http://www.library.miami.edu/umcuban/cuban.html*
- Programa General, agosto 1960, en *http://www.library.miami.edu/umcuban/cuban.html*
- Programa General, septiembre 1960, en *http://www.library.miami.edu/umcuban/cuban.html*
- Programa General, octubre 1960, en *http://www.library.miami.edu/umcuban/cuban.html*

- Programa General, noviembre 1960, en *http://www.library.miami.edu/umcuban/cuban.html*
- Programa General, diciembre 1960, en *http://www.*
- *library.miami.edu/umcuban/cuban.html*
- Programa General, enero 1961, en *http://www.library.miami.edu/umcuban/cuban.html*
- Programa General, febrero 1961, en *http://www.library.miami.edu/umcuban/cuban.html*
- Programa General, marzo 1961, en *http://www.library.miami.edu/umcuban/cuban.html*
- Programa General, abril 1961, en *http://www.library.miami.edu/umcuban/cuban.html*
- Programa General, mayo 1961, en *http://www.library.miami.edu/umcuban/cuban.html*
- Programa General, junio 1961, en *http://www.library.miami.edu/umcuban/cuban.html*
- Programa General, julio 1961, en *http://www.library.miami.edu/umcuban/cuban.html*
- Programa General, agosto 1961, en *http://www.library.miami.edu/umcuban/cuban.html*
- Programa General, septiembre 1961, en *http://www.library.miami.edu/umcuban/cuban.html*
- Programa General, noviembre1961, en *http://www.library.miami.edu/umcuban/cuban.html*
- Programa General, diciembre 1961, en *http://www.library.miami.edu/umcuban/cuban.html*
- Programa General, enero 1962, en *http://www.library.miami.edu/umcuban/cuban.html*
- Programa General, febrero 1962, en *http://www.library.miami.edu/umcuban/cuban.html*
- Programa General, marzo 1962, en *http://www.library.miami.edu/umcuban/cuban.html*

- Programa General, mayo 1962, en *http://www. library.miami.edu/umcuban/cuban.html*
- Programa General, junio 1962, en *http://www.library.miami.edu/umcuban/cuban.html*
- Programa General, julio 1962, en *http://www.library.miami.edu/umcuban/cuban.html*
- Programa General, agosto 1962, en *http://www. library.miami.edu/umcuban/cuban.html*
- Programa General, octubre1962, en *http://www. library.miami.edu/umcuban/cuban.html*
- Programa General, noviembre 1962, en *http://www. library.miami.edu/umcuban/cuban.html*
- Programa General, enero 1963, en *http://www. library.miami.edu/umcuban/cuban.html*
- Programa General, abril 1963, en *http://www.library.miami.edu/umcuban/cuban.html*
- Programa General, mayo 1963, en *http://www. library.miami.edu/umcuban/cuban.html*
- Programa General, junio 1963, en *http://www.library. miami.edu/umcuban/cuba.*
- Programa General, julio 1963, en *http://www.library.miami.edu/umcuban/cuban.html*
- Programa General, agosto 1963, en *http://www. library.miami.edu/umcuban/cuban.html*
- Programa General, septiembre 1963, en *http://www.library.miami.edu/umcuban/cuban.html*
- Programa General, octubre 1963, en *http://www. library.miami.edu/umcuban/cuban.html*
- Programa General, abril 1965, en *http://www.library.miami.edu/umcuban/cuban.html*
- Programa General, mayo1965, en *http://www.library.miami.edu/umcuban/cuban.html*

- Programa General, junio 1965, en *http://www.library.miami.edu/umcuban/cuban.html*
- Programa General, agosto 1965, en *http://www.library.miami.edu/umcuban/cuban.html*
- Programa General, septiembre 1965, en *http://www.library.miami.edu/umcuban/cuban.html*
- Programa General, febrero 1966, en *http://www.library.miami.edu/umcuban/cuban.htm*
- Programa General, febrero 1966, en *http://www.library.miami.edu/umcuban/cuban.html*
- Programa General, julio 1967, en *http://www.library.miami.edu/umcuban/cuban.html*
- Proposición de Ley al Senado No. 109-1-22 nov.
- 4/1949, en Archivo *Lyceum* de la BNJM.
- Ciclo Americano: Actos Correspondientes a la República Argentina, s.f., en Archivo *Lyceum* de la BNJM.
- Ciclo Americano: Actos correspondientes a la República de Colombia, s.f., en Archivo *Lyceum* de la BNJM.
- Ciclo Americano: Programa del Ciclo Brasileño, s.f., en Archivo *Lyceum* de la BNJM.
- Ciclo Americano: Actividades que se presentaron durante el mes de febrero en homenaje a Canadá, s.f., en Archivo *Lyceum* de la BNJM.
- Ciclo Americano: Actos correspondientes a los Estados Unidos de Norteamérica, s.f., en Archivo *Lyceum* de la BNJM.
- Ciclo Americano organizado por el *Lyceum y Lawn Tennis Club*, enero 1960 - enero 1961. *En qué consiste, propósitos y objetivos*, s.f., en Archivo *Lyceum* de la BNJM.
- Relación de libros y folletos expuestos con motivo del Día del Libro, s.f. en Archivo *Lyceum* de la BNJM.

- Carta para establecer relaciones con Asociaciones Femeninas de América Latina, 19 octubre, 1954, en Archivo *Lyceum* de la BNJM.
- Listado de personas que participan en la Reunión de Asociaciones Femeninas, s.f., en Archivo *Lyceum* de la BNJM.
- Reunión de asociaciones femeninas. Nombre y dirección de asociaciones participantes, s.f., en Archivo *Lyceum* de la BNJM.
- Conclusiones de la Reunión de Asociaciones Femeninas celebrada en el *Lyceum y Lawn Tennis Club* los Días 25, 26, y 27 de febrero de 1954, s.f., en Archivo *Lyceum* de la BNJM.
- Vicepresidentas del *Lyceum* en veinticinco años, s.f., en Archivo *Lyceum* de la BNJM.
- Presidentas y Juntas Directivas desde 1928 hasta 1968, s.f., en Archivo *Lyceum* de la BNJM.
- Fundación Ana María Borrero. Comité gestor y vocales, s.f., en Archivo *Lyceum* de la BNJM.
- Fundación *Lyceum* Centenario Martí, s.f., en Archivo *Lyceum* de la BNJM.
- Actividades para mis ratos libres. Cómo apreciar las exposiciones de Arte Moderno, s.f., en Archivo *Lyceum* de la BNJM.
- Sexta sesión del Seminario de Estudios Martianos "Discursos y papeles políticos" por Elías Entralgo, s.f., en Archivo *Lyceum* de la BNJM
- Temario de la Conferencia Nacional de Asociaciones Femeninas, s.f., en Archivo *Lyceum* de la BNJM.
- Informe sobre la Reunión de Asociaciones Femeninas, s.f., en Archivo *Lyceum* de la BNJM
- Frente Femenino de Defensa Civil, s.f., en Archivo *Lyceum* de la BNJM.

- Concurso de Proselitismo Inter-Socias, s.f., en Archivo *Lyceum* de la BNJM.
- Sección de Asistencia Social. Llamamiento especial, s.f., en Archivo *Lyceum* de la BNJM.
- Concurso de Cooperación, 1 junio, 1949, en Archivo *Lyceum* de la BNJM.
- Exposición de motivos decorativos a base de flores y plantas, 1950, en Archivo *Lyceum* de la BNJM.
- Conferencia Nacional de Asociaciones Femeninas. Inscripción, s.f., en Archivo *Lyceum* de la BNJM.
- Programa de actividades para celebrar el Vigésimo Quinto Aniversario de la Fundación del *Lyceum* y el décimo quinto de su fusión con el *Lawn Tennis Club*, s.f., en Archivo *Lyceum* de la BNJM.
- Temario de la Conferencia Nacional de Asociaciones Femeninas, s.f., en Archivo *Lyceum* de la BNJM.
- Mesa de trabajo. Conferencia Nacional de Asociaciones Femeninas, s.f., en Archivo *Lyceum* de la BNJM.
- Memorándum sobre la campaña de alfabetización de las asociaciones femeninas, s.f., en Archivo *Lyceum* de la BNJM.
- Invitaciones y programas de música. Décadas: 1930-1960, en Colección Privada del Autor.
- Invitaciones, catálogos y programas de Artes Plásticas. Décadas: 1930-1960, en Colección Privada del Autor.
- Rodríguez Columbié de Bustamante, María Luisa: carta de invitación para maestros y alumnos de escuelas primarias al Ciclo Americano, s.f., en Archivo *Lyceum* de la BNJM.

El Lyceum y Lawn Tennis Club: su huella en la cultura cubana
de Whigman Montoya Deler concluyó su proceso editorial
en agosto de 2022 en la ciudad de Houston, Texas,
Estados Unidos de América

www.ingramcontent.com/pod-product-compliance
Lightning Source LLC
Chambersburg PA
CBHW030238030426
42336CB00009B/156